嘘と迷信のないフランス菓子教室

◆

一人で学べる
ザック サクッ ザクッ!
押しよせるおいしさのパイ

イル・プルー・シュル・ラ・セーヌ
弓田 亨／椎名 眞知子

ごあいさつ

皆さん、パイ作りって
本当に面白くて楽しくて、
そして嬉しいんです。

皆さん、パイ作りって本当に面白くて楽しくて、そして嬉しいんです。
成形してオーブンに入れれば、パートゥ・フイユテは膨れ、想像もできなかった形に焼き上がります。こんな意外性が誰もの好奇心を刺激します。
パイのおいしさはとても力に溢れています。それこそこの本のタイトルのように、多様性と多重性を持った歯ざわりが、頭と口に押しよせます。ザック、サクッ、ザクッ、歯ざわりが様々な味わいを一気に押し上げ、食べる人の五感に迫ります。
私はこんな多感なパイの味わいに、それを作り出せるパティシエであることの幸せを感じることがよくあります。でも殆ど誰もがパイ作りは難しいと思っています。「パイってなかなかうまく浮いてくれないんだよな」と思っています。でもパイはそれほど難しいものではありません。「じゃあどうして浮かないんだ」と言われるでしょう。それは貴方のパイ作りが、素材の性質に合った正しい作り方でないからです。
まずこの本をしっかり読んで、あわてずゆっくり作ってみて下さい。たとえパイ作りが初めての人でも、決してがっかりするようなものはできません。そしてあと1～2回でも繰り返せば、間違いなく、難度A、B位のパイはもうお手のものです。そしてもうパイ作りに夢中になります。誰もが知らぬ間に、家でパイ作りのスペシャリストになれること請け合いです。さぁ早速始めてみて下さい。久しぶりの心躍る時間が待ってます。

「お菓子の作り手の為に真実を」
これが私共、イル・プルー・シュル・ラ・セーヌの本作りのいつまでも変わらぬ基本です。

弓田 亨

ゆみた　とおる
1947年、福島県会津若松市に生まれる。
1970年、大学卒業後、熊本のお菓子屋『反後屋』に入る。後、東京『ブールミッシュ』工場長を経て1978年に渡仏。パリの『パティスリー・ミエ』で研修し、その後大きな示唆を与え続ける生涯の友、ドゥニ・リュッフェル氏(『パティスリー・ミエ』のオーナーパティシエ)と出会う。翌年帰国。青山『フランセ』、自由が丘『フレンチ・パウンド・ハウス』工場長を務め、1983年、再び渡仏。半年の研修の後帰国し、1986年『ラ・パティスリー　イル・プルー・シュル・ラ・セーヌ』を代々木上原に開店。1995年代官山に移転。現在もフランス菓子教室で教えるとともに、全国での技術講習会、海外での食材探しなど、真実のフランス菓子のおいしさを追究している。

主な著書
「Pâtisserie française　その imagination Ⅰ〜Ⅲ」
「少量でおいしいフランス菓子のためのルセットゥ1〜6」
「五感で創るフランス菓子」
「新シフォンケーキ　心躍るおいしさ」
「とびきりのおいしさのババロアズ」
「Les Desserts (レ・デセール) レストラン、ビストロ、カフェのデザート」
「イル・プルーのパウンドケーキおいしさ変幻自在」
「贈られるお菓子に真実の幸せを添えたい」
「失われし食と日本人の尊厳」
「ルネサンスごはんは放射能にもやすく負けない」
「ごはんとおかずのルネサンス」レシピシリーズ多数
(全て弊社刊)

私のような失敗は、
この本の読者の方はしなくてもすむことを
お約束します。

私自身、パイをはじめて作ったときの記憶は、とにかく四苦八苦したことだけです。まず、生地が思うようにのびてくれません。そのうちにバターがやわらかくなってしまい、生地がベタベタになります。打ち粉をたくさんふって、やっとの思いでまとめて冷蔵庫に入れ…。でも、焼き上がったものはガリガリで、香ばしい香りだけがなぐさめの、とてもおいしいとはいえない代物でした。2〜3回こんな失敗を繰り返し、「冷凍パイシートを買って作ってしまおうかしら」と思ったこともありました。実際冷凍パイシートで作ってみたものの、バターの香ばしさはほとんどなく、失敗しながらも自分で作ったパイのおいしさが忘れられず、やはり心を込めて一生懸命作ることにしたのです。次第に腕が上がり、誰にでも自慢できるようなパイが作れるようになりました。そんなことを思い出しながら、選んだパイたちです。

大丈夫です。初めての方も経験のある方も、きちんと手順を追っていけばおいしくできます。私のような失敗は、この本の読者の方はしなくてもすむことをお約束します。

折ってはのばす作業、オーブンの中でふくらんでいく様、焼き上げる間家中に漂う香ばしい香り、そしてなにより、どんなお店でも味わうことのできない素晴らしいおいしさを楽しんでください。

椎名 眞知子

しいな まちこ
1987年、フランス国立高等製菓学校で研修。その後『イル・ブルー・シュル・ラ・セーヌ』フランス菓子教室に通い、1995年から教室スタッフに加わる。翌年渡仏し、パリの『パティスリー・ミエ』、『レストラン レ・ジョルジック』他で研修。1998年『スーパーJチャンネル』(テレビ朝日)にレギュラー出演。現在、『イル・ブルー・シュル・ラ・セーヌ』フランス菓子・料理教室副校長を務める。イル・ブルーのできるだけ易しいルセット作りに日々取り組み、優しい笑顔とやわらかな物腰で、多くの生徒の方々に本物のおいしさを伝え続けている。

主な著書
『とびきりのおいしさのババロアズ』
『イル・ブルーのパウンドケーキおいしさ変幻自在』
『一年中いつでもおいしいいろんな冷たいデザート』
『ちょっと正しく頑張ればこんなにおいしいフランスの家庭料理』
『新版ごはんとおかずのルネサンス基本編』
『ごはんとおかずのルネサンス真実のおせち料理編』
『ごはんとおかずのルネサンス四季の息吹・今昔おかず編』
『ごはんとおかずのルネサンス心嬉しい炊き込みごはんと味噌汁編』
『はじめてのルネサンスごはん
おいしいおっぱいと大人ごはんから取り分ける離乳食』
(全て弊社刊)

目 次

- 2　ごあいさつ
- 5　お菓子を作る前に
- 6　器具
- 8　材料
- 10　技術
- 16　基本の生地 パートゥ・フイユテ
　　Pâte feuilletée
- 19　パイ生地がふくらむ仕組み

- 20　Petits fours secs
　　プティ・フール・セック
  - 22　Langue de bœuf
　　　ラング・ドゥ・ブッフ
  - 23　Bâtonnet au fromage
　　　バトネ・オ・フロマージュ
  - 24　Allumette aux sésames et aux pavots
　　　胡麻と芥子の実のアリュメットゥ
  - 25　Allumette au fromage
　　　チーズのアリュメットゥ
- 26　Petits fours salés
　　プティ・フール・サレ
  - 27　Anchois
　　　アンチョビ
  - 28　Olive farcie
　　　オリーブ・ファルシ
  - 29　Croissant jambon
　　　クロワッサン・ジャンボン
  - 30　Pâté
　　　パテ
- 32　Mille-feuille
　　ミルフイユ
  - 34　Mille-feuille
　　　ミルフイユ
  - 36　Mille-feuille aux bananes
　　　ミルフイユ・オ・バナーヌ
  - 38　Mille-feuille aux fraises
　　　ミルフイユ・オ・フレーズ
  - 42・44　Napolitain
　　　ナポリタン
  - 43・46　Chausson aux pommes
　　　ショソン・オ・ポンム
- 48　Bouchée
　　ブーシェ
  - 50　Bouchée à la niçoise
　　　ニース風ブーシェ
  - 52　Bouchée aux champignons
　　　シャンピニオンのブーシェ
  - 53　Bouchée aux épinards et aux œufs de caille
　　　ほうれん草とうずらの卵のブーシェ

- 54　Poisson d'avril
　　ポワソン・ダブリル
- 58　Allumette
　　アリュメットゥ
  - 60　Allumette aux marrons
　　　アリュメットゥ・オ・マロン
  - 62　Pâté pantin
　　　パテ・パンタン
- 64　Conversation
　　コンベルサスィオン
- 68　Bouchée aux fruits
　　ブーシェ・オ・フリュイ
- 72　Bouchée aux potirons
　　ブーシェ・オ・ポティロン
- 74　Carré alsacien
　　カレ・アルザスィアン
- 78・80　Cornet
　　コルネ
- 79・82　Galette des Rois
　　ギャレットゥ・デ・ルワ
- 84　Galette
　　ギャレットゥ
  - 86　Galette au fromage
　　　フレッシュチーズのギャレットゥ
  - 　　Galette au chocolat
　　　ショコラのギャレットゥ
- 88　Tarte Tatin
　　タルトゥ・タタン

- 92　基本のクレーム
　　クレーム・パティスィエール
　　Crème pâtissière
- 94　基本のクレーム
　　クレーム・ダマンドゥ
　　Crème d'amandes
- 96　おすすめ材料一覧
- 98　イル・プルー・シュル・ラ・セーヌ

本書は1999年11月に同朋舎より発行、角川書店より発売された
『ちょっとがんばってみませんか 本当においしいパイの作り方』の内容をもとに
追加、再編集したものです。

お菓子を作る前に

おいしいパイを作るための大切なポイントです。ほんの少しの気配りで、見違えるほどおいしくでき上がるので、ぜひ覚えてください。

温度

1 冷蔵庫内の温度は0℃に近づける。
生地を休ませたり、材料をしっかり保存するために、0℃くらいを保ってください。

2 冷凍庫内は、できるだけ低い温度にする。
器具を冷やしたり、成形した生地の冷凍保存などに活用しますので、－20℃くらいを保ってください。

3 室温は20℃以下にして作業する。
生地の中のバターが温まらないように、室温にも注意してください。

材料

1 バター
お菓子作りには無塩バターを使います。一度もやわらかくなっていないものを使いましょう。

2 粉
スーパーなどで売られている粉で十分です。開封後は湿気ないように、しっかり保存してください。

3 卵
卵黄は新鮮なものを使ってください。古いものではおいしくでき上がりません。

計る

材料、温度は正しく計る。
多少面倒でも、すべて正確に計りましょう。失敗が少なくなり、でき上がりに差が出ます。

器具

分量に適したものを使う。
材料の分量によって、器具の大きさを使い分けましょう。作りやすく、技術面もカバーできます。

技術

1 冷やす
バターや生地が温まらないように、台、めん棒、打ち粉はしっかり冷やします。作業中も冷やしながら進めます。

2 打ち粉
台の上で生地をのばすときには、こまめに粉をふります。また、余分な粉は刷毛で払ってください。

3 ピケ
のばした生地をピケローラーやフォークで刺して、生地のふくらみすぎをおさえるなど、焼き上がりをきれいにします。

4 塗り卵
刷毛で薄く2回塗るのが原則です。厚く塗ると、塗った部分だけが焦げやすくなり、焼き色が濃くついてしまいます。

5 予熱
設定された温度で正しく焼くために、オーブン内は生地を焼く20～30分前から十分に熱しておきます。

6 焼き方
しっかり予熱して、温度と焼き色のつき具合に注意しながら焼き上げます。

器具

正確な計量と分量に合った器具を使うことで、確実によりおいしいお菓子を作ることができます。また技術面もカバーできるので、必要なものから徐々に揃えていくとよいでしょう。

① 銅ボウル
少量でも無理なく加熱できる、厚手で底が少しとがったタイプがよいでしょう。手付き鍋でも代用できます。

② へら
ゴムべらはボウルの内側をきれいにするときに、木べらは混ぜたりすりつぶすときに使います。細目のタイプが使いやすいでしょう。

③ 刷毛
塗り卵やシロップを塗ったり、生地をのばすときに余分な粉を払うのに使います。2本あると便利です。

④ チーズリナー
チーズをおろすときに使います。おろし金でも代用できます。

⑤ ケーキクーラー
焼き上がった生地を冷ますときなどに使います。

⑥ パレットナイフ
クレームやジャムを塗るときに便利です。

⑦ 波刃包丁
特にパイを切るときには必要です。刃渡りが30cmくらいで、ギザギザのあるタイプがよいでしょう。

⑧ プティクトー
生地やフルーツなどを切ったり、生地に蒸気抜きの穴を開けるときに使います。

⑨ ボウル
ステンレス製で特大（24cm）、大（21cm）、中（18cm）、小（12〜15cm）があると便利です。

⑩ ハンドミキサー
速さが3段階（低・中・高速）あるものがよいでしょう。ビーター（羽根）の先は、細いものより丸い方がおすすめです。

⑪ こし器
粉をふるったり、裏ごしするときに使います。大（19.5cm）と、柄の付いている小さいタイプがあると便利です。

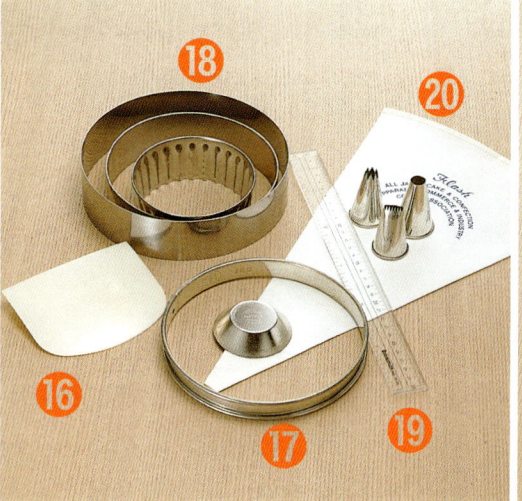

⑫ 卓上コンロ
火口の小さいものがよいでしょう。家庭のガスコンロでも火口が小さければ大丈夫です。

⑬ ホイッパー
柄が握りやすく、ワイヤーのしっかりしたものを選びましょう。大（長さ25cm）小（長さ21cm）あると便利です。

⑭ 温度計
この本では100℃計を使います。

⑮ デジタル秤
1g単位で1kgまで計量でき、容器の重さを引いて0値にできる機能のついたものが便利です。

⑯ カード
生地を仕込んだり、クレームをすくうときに使います。

⑰ 型
タルトゥレットゥ型（ブリオッシュ型でも可）とタルトゥリングを使います。

⑱ 抜き型
丸抜き型、菊抜き型、魚の抜き型を使います。丸抜き型は同じ大きさのボウルや皿でも代用できます。

⑲ 定規
生地を正しい大きさに切り分けるときに使います。

⑳ 絞り袋と口金
クレームを絞るときに使います。丸口金、星口金、平口金を使います。

㉑ ピケローラー
生地のふくらみすぎをおさえたり、焼き上がったパイの層が崩れないように、のばした生地を刺しておさえるものです。フォークでも代用できます。

㉒ めん棒
バターをたたいたり、生地をのばすときに使います。細いめん棒の方が作りやすい場合もあります。

㉓ 板
生地を均一の厚さにのばすときに便利です。この本では、厚さ2mmと4mmの板を使います。

㉔ 台
生地をのばす台は、冷たくてなめらかな大理石（マーブル台）が最適です。アクリルやプラスチック素材の板、キッチンのステンレス台やテーブルでも代用できます。

材 料

香りと味の豊かな材料を選ぶことが一番の基本です。必ず自分の舌で確かめてください。少しずつ材料の善し悪しを見分ける力がついてきます。バターや粉は、保存状態ができ上がりに大きく影響してきますので、できるだけよい状態のものを使いましょう。

← バター

バターは一度温まってやわらかくなったものを使うと、パイの層（生地とバターの層）がきれいに作られず、生地のふくらみも不十分になります。温度管理のしっかりしている店で買い、5℃以下で保存してください。ナイフで切った断面がなめらかで、油がにじんだような感じでないものを使います。

小麦粉 →

パイ生地は、強力粉と薄力粉を混ぜて作ります。強力粉だけでは焼き上がりがかたく、サクサク感がでません。薄力粉だけでは粉の層が途中で切れて薄くのびません。また、粉は湿気を吸うと混ざりにくくなったり、練り上がりがやわらかすぎることがあるので、ビニール袋に乾燥剤と一緒に入れ、常温で保存してください。

↑ 酢

この本では、生地を作るときに酢を加えます。粉のグルテンを軟化させるので、生地がのびやすく、歯ざわりも軽やかになります。でき上がったパイ生地を保存するときにおこる変質を防ぐ効果もあります。

卵 →

卵黄は新鮮なものを使ってください。古い卵では、凝固力が弱く、でき上がったクレームに粘りが出て、ベタついた舌ざわりになってしまいます。ポックリとした卵黄のおいしさが失われてしまいます。

バニラエッセンス →

メーカーによって、品質にかなり差があります。天然のバニラ棒から抽出されたものがおすすめです。化学的に合成されたものは、天然のものより香りが不自然です。バニラの香りがはっきり分かるくらい加えてください。

← 砂糖

この本では、主にグラニュー糖を使います。粒子の粗いもので十分ですが、細かいものは溶けやすく扱いが簡単です。上白糖は、グラニュー糖より甘みが強くなります。粉糖には純粋なものと、かたまりができないようにコーンスターチが少し加えられているものがありますが、どちらもでき上がりに差はありません。

バニラ棒 →

輸入されているバニラ棒の中でも、特にマダガスカル産のものは豊かな香りで、お菓子の風味を引き立ててくれます。乾燥しないように密閉容器などに入れて、冷暗所で保存してください。

↑ アーモンドパウダー

とても豊かな香りと味があるスペイン産のものがおすすめです。古くなると油がにじんでベタベタしてきます。焼き上がりも油っぽくなるので、サラサラしている新しいものを使いましょう。

技術

上手にできたパイは、薄い生地が何層にも重なり合い、口の中でハラハラと崩れ落ちるような感じです。おいしいパイを作るために必要な技術を身につけましょう。

冷やす

台、めん棒、打ち粉はしっかり冷やします。冷えていないとバターが溶け出したり、生地がだれてしまいます。台は冷凍庫に入れるか、氷を入れたバットやビニール袋をのせます。アクリルやプラスチックの板を使う場合は、下に凍らせたタオル(水を含ませて凍らせる)を敷いてもよいでしょう。めん棒は冷凍庫で、打ち粉は冷蔵庫で冷やします。作業中も冷やしながら進めてください。

打ち粉

打ち粉は強力粉を使い、横から粉を投げるようにして、すべらせながら薄く均一に散らします。こまめに打ち粉をして、生地が台につかないようにします。
また、余分な粉は刷毛で払い落としてください。落とさないときれいに焼き上がらなかったり、粉っぽくなってしまいます。

生地ののばし方

❶ のばす方向に向かって、手のひらをピンと張り、斜めに保ちながら、手のひらの全面を使ってめん棒を大きく転がします。強い力でのばしてください。

真ん中から奥へのばす場合 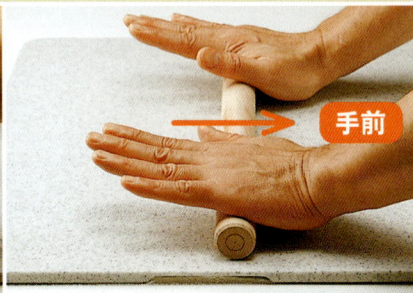　　真ん中から手前へのばす場合

❷ 生地の真ん中から奥半分は奥に向かって、手前半分は手前に向かってめん棒を転がします。
手前から奥へ、奥から手前へというのばし方はしないでください。

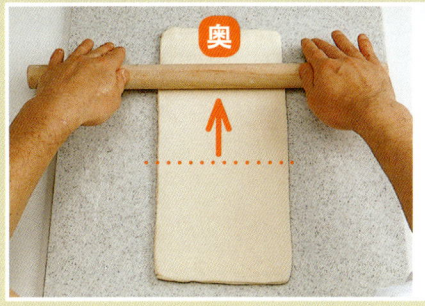

真ん中から奥へのばす場合 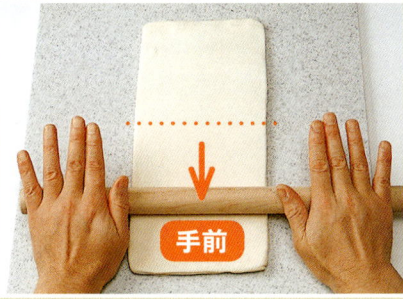　　真ん中から手前へのばす場合

生地が
のび縮みする力

生地はのばした方向に縮みやすくなっています。のばして3つ折りをして、90度向きをかえて、またのばして4つ折りにする、という作業は、縮む力を一方向にだけ片寄らないようにするためです。のばす方向を同一方向だけにすると、焼き上がりがゆがんだり、小さくなってしまいます。

また、下の写真のように1枚の生地から2枚取り、2枚を重ねて焼く場合、上にのせる生地の向きを90度かえると、縮む力の方向が異なるため、形が変形しません。同じ方向のまま重ねて焼くと、同じ方向に縮む力が働いて形が変形してしまいます。

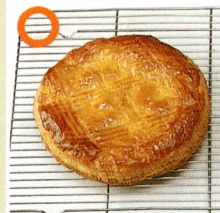

○ 90度向きをかえた場合

× 90度向きをかえない場合

正方形にのばす場合は、縮む方向は考えなくてもかまいません。長方形にのばす場合は、折りたたんだ層の見える方を上下にしてのばします。

上／下　折りたたんだ層

たるませる

台の上でのばした生地は、縮もうとする力が強く働いているので、生地と台の間に指を入れ、上から下へ少しずつ移動させながら持ち上げてたるませます。こうすることで生地は少し小さくなりますが、縮む力が弱まり、焼き縮みが防げます。持ち上げずに焼くと10％くらい縮みます。

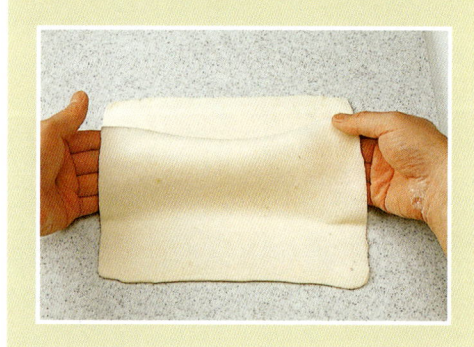

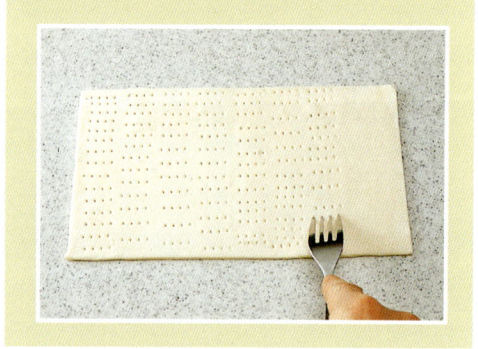

塗り卵

塗り卵は刷毛で薄く2回むらのないように、まんべんなく塗ります。1回目は生地についている余分な粉を取るため、2回目は艶出しのためです。

厚く塗ると、焼き色が濃くついてしまいます。

ピケ

生地のふくらみすぎをおさえたり、焼き上がったパイの層が崩れないように、のばした生地をピケローラーやフォークで刺して、しっかりおさえます。

また、2枚の生地が離れないようにしたり、蒸気抜きのために、プティクトーで穴を開ける場合もあります。

保存

生地が残った場合は、冷凍保存します。冷凍保存する前に、必ず次に作るお菓子の成形をして、ビニール袋に入れ、冷凍庫に入れてください。1週間くらいもちます。冷蔵庫では保存できません。

技術

焼く

❶ 家庭用のオーブンには、電子レンジオーブンとガス高速オーブンがあります。機種や大きさによる違いがかなりあるので、同じ時間、同じ温度でも焼き上がりに差が出ます。自分のオーブンに適した時間、温度を見つけることが大切です。

電子レンジオーブン
高温（250℃以上）の熱源が弱く、ガス高速オーブンよりも焼き縮みしやすいので、少し形が悪くなることもありますが、風味には影響ありません。

ガス高速オーブン
オーブン内の手前と奥の熱の強さが異なるため、むら焼けになりやすく、手前の方だけ焼き色が濃くなることがあります。途中で天板を、上段と下段、奥と手前を入れかえます。上段は上（表面）から、下段は下（底）から熱が入ります。

❷ 予熱
オーブンは十分に予熱しておくことが大切です。電子レンジオーブンの場合は焼成温度＋20℃に設定して30分前から、ガス高速オーブンの場合は焼成温度＋10℃に設定して15分前からの予熱を目安にしてください。
冷蔵庫から出した生地は、薄い生地を焼く場合以外は、常温で15℃ほどに戻してからオーブンに入れます。

❸ 天板
オーブン内を予熱するときに、多くの場合は天板も熱します。ただし、焼き上がりが変形しやすいブーシェなどは、天板を熱しないで霧吹きをします。また、焼き上がったときに、天板から生地が離れにくいようなら、天板にバターを塗るとよいでしょう。

天板を予熱しない場合 / 天板を予熱した場合

❹ 温度設定
この本の焼き時間は、あくまでも目安です。時間通りに焼いても焼き色が不十分なら、次回は温度を20℃ほど上げて、焼きすぎたときは20℃ほど下げて焼いてみてください。

❺ 基本的な焼き方
しっかり予熱をして、できるだけ生地の中心まで熱を入れ、パリッとした歯ざわりに焼き上げます。表面の塗り卵をしたところの焼き色で判断してはいけません。生地がふくらんだ側面を見て、焼き色がつくまで十分に焼いてください。

側面に焼き色がついている場合 / 側面に焼き色がついていない場合

❻ 冷ます
焼き上がった生地を冷ますときは、決してテーブルの上などに置かないでください。生地に蒸気がこもると、パイのサクサク感が損なわれるので、ケーキクーラーの上にのせて、蒸気を飛ばしながら冷まします。

混ぜ方

この本では、ホイッパーを使って基本のクレームを作ります。
P92-93〈クレーム・パティスィエール〉と、P94-95〈クレーム・ダマンドゥ〉を作るときの混ぜ方です。

円

数種類の材料を混ぜ合わせるときの混ぜ方です。
ホイッパーの先をボウルの底に軽くつけながら、大きく円を描くように回すと、全体をまんべんなく混ぜることができます。
10秒間に10回くらいの速さで混ぜます。

直線反復

少量の材料を混ぜたり、ほぐしたりするときの混ぜ方です。
ボウルを斜めにして一ヶ所に材料を集め、ホイッパーをボウルに軽くあてながら、直線を往復させます。
ホイッパーが通った部分は材料に直接強い力が加わり、目に見えない部分もよく混ざります。
10秒間に20回くらいの速さで混ぜます。

パイのこと

Pie

　私がパティシエになろうとした頃は、お菓子屋さんでもパイはとても難しくて、かなり経験を積まないとなかなかうまく作れないものとされていました。パイを作る先輩はとてもまぶしく見えました。いつかはあんな風にパイも上手になりたい、と強く憧れたものです。
　その頃はどこのお菓子屋さんにも、パイを折ったり成形する為の涼しい部屋はなく、扱い易いマーガリンでパイを折るのが一般的でした。
　でもやっぱり、パイはフレッシュバターを使ったものがずっとおいしく焼き上がります。この本ではより短時間で、そして技術的に簡単にできる、いわゆる〝速成折りパイ〟を作ります。
　多くの方は〝折りパイ〟の方がずっとおいしく、よいお菓子ができると何となく思い込んでおられます。でも粉やバターの特性をしっかり理解して作れば、バターと粉がより浅く重なり合う〝速成折りパイ〟の方が、バターの味わいがより豊かに感じられ、ザックリしたしっかりした歯ざわりと共に、おいしいパイに焼き上がります。
　パイはよく浮くほどよいわけではありません。ほどよく浮くことが大事です。浮きすぎるとパートゥの中にすき間ができすぎ、間の抜けた歯ざわりになってしまいます。〝速成折りパイ〟はほどよく浮いて、存在感のある歯ざわりが得られます。
　イル・プルー・シュル・ラ・セーヌならではの、精密で科学的な考え方によって、一人でも多くの人が確実にできるように、考え抜かれたパイの作り方をお届けします。

弓田 亨

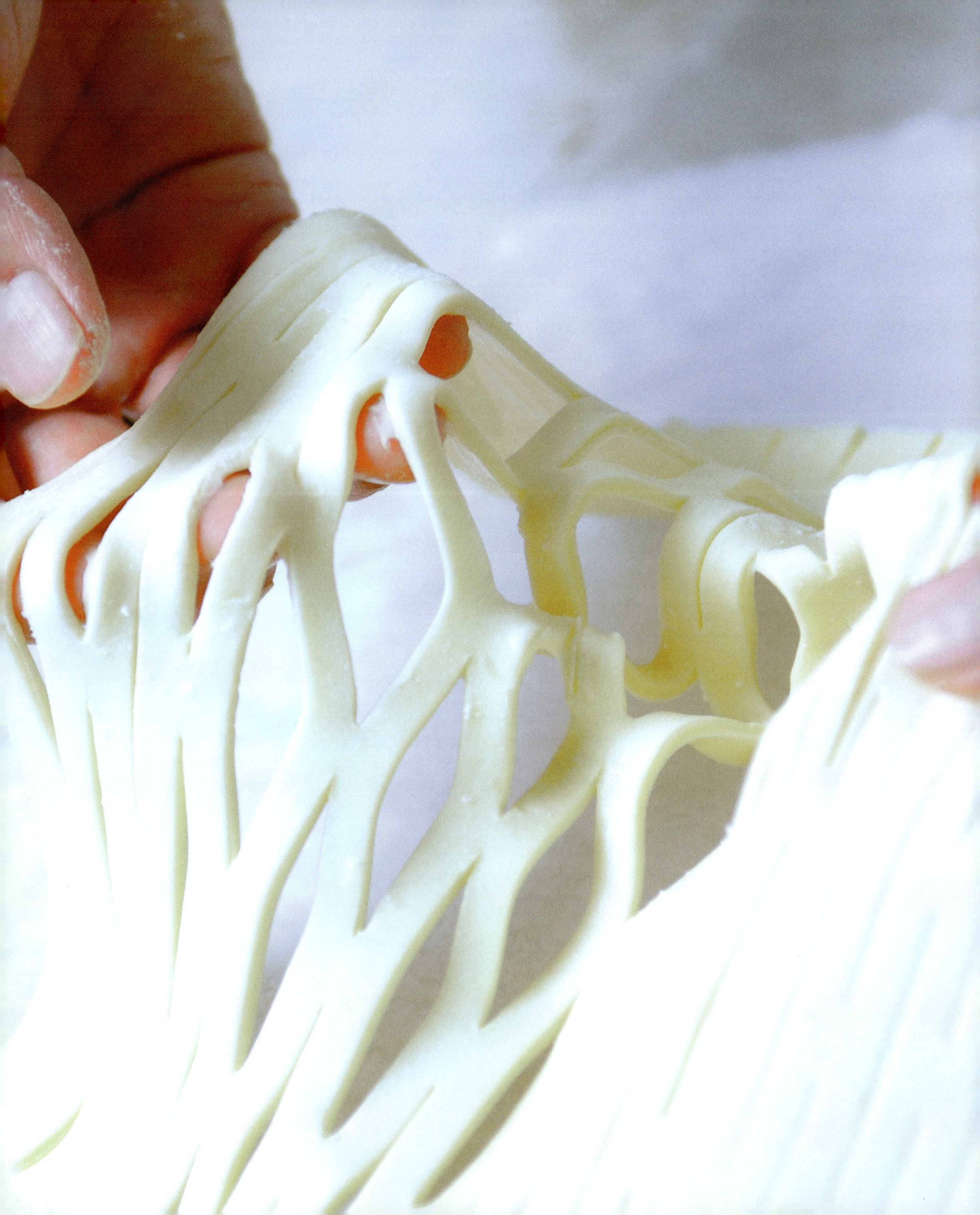

基本の生地
パートゥ・フイユテ

材料は1パトン分です。
P10-11の〔技術〕を参照しながら作ってください。

器具

- ふるい
- ボウル（直径24cm）
- ホイッパー（小）
- カード
- 霧吹き
- ビニール袋
- 台
- めん棒
- 定規
- 刷毛

材料

強力粉	175 g
薄力粉	75 g
バター	185 g
水	100 g
酢	12 g
塩	5 g

Pâte feuilletée

作り方

1
強力粉と薄力粉は一緒にふるって、ボウル（直径24cm）に入れる。

2
バターは1cm角に切り、1にバラバラにしてのせ、冷蔵庫に入れて0℃〜5℃に冷やす。

3
水、酢、塩を混ぜ、冷蔵庫に入れて5℃ほどに冷やす。

4
生地をのばす台は冷凍庫に入れるか、氷を入れたバットやビニール袋をのせておく。めん棒は冷凍庫で、打ち粉は冷蔵庫に入れておく。

5
2の真ん中にくぼみを作り、3を入れ、指を広げて、水分が見えなくなるまで大きくゆっくり混ぜる。
ポイント☞よく混ぜたり、こねたりしないこと。グルテンが出すぎて焼き縮みしたり、かたく焼き上がってしまう。

6
指についた粉を取り、大きいかたまりはほぐす。

7
カードの丸みのある方で、ボウルの端から端まで10回ほど軽く押して切る。ひっくり返して、同様にする。これをあと3回繰り返す。

8
表面に3回霧吹きをして水をたっぷりかけ、カードで全体をひっくり返す。裏側も3回霧吹きをして水をたっぷりかけ、7と同様に軽く押して切る。

9
8をあと2回繰り返し、だいたいひとつにまとめる。

10
ビニール袋に入れ、上からしっかり押さえて、カードで13cm四方、厚さ3cmの正方形にする。冷蔵庫で1時間休ませる。

11
ビニール袋から出し、冷やしておいた台と生地に打ち粉を多めにする。

12
めん棒で生地をたたいて少しやわらかくし、タテ45cm×ヨコ15cmにのばす。バターが少しゴロゴロして、台やめん棒にくっつきやすいので、こまめに打ち粉をする。

13
生地についた余分な粉を刷毛で払う。

14
3つ折りにする(1回目)。
のばした生地の奥の両端を持ち、手前1/3を残して折る。

Pâte feuilletée 17

15
次に手前の両端を持ち、折った上に重ねる。

16
そのままの方向でタテ15cmになるまでのばす。

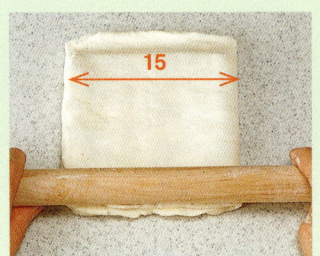

17
90度向きをかえて、めん棒で上下の部分を押さえ、生地がずれないようにする。

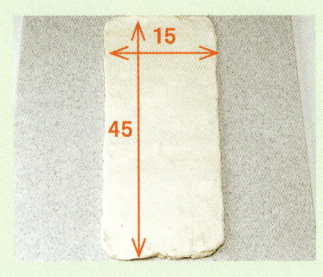

18
タテ45cmにのばす。

19
今度は4つ折りにする（2回目）。奥の両端を持ち、手前10cmほどを残して折る。

20
手前の両端を持ち、奥から折った辺に合わせて折る。
ポイント☞生地の真ん中で折りたたんで4つ折りにすると、その部分だけ粉がよってしまうので、少しずらして折る。

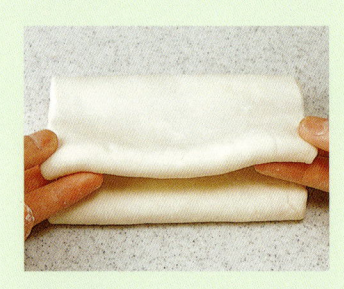

21
さらに奥の両端を持ち、半分に折る。ビニール袋に入れて冷蔵庫で1時間休ませる。

22
折りたたんだ層が見える方を上下にして、11～21を繰り返す（3～4回目）。

23
作るお菓子によって必要なサイズに切り分ける。

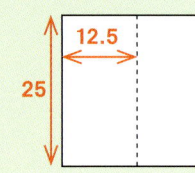

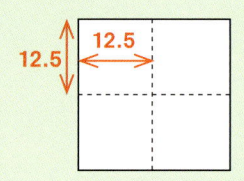

1/2パトンにする場合
折りたたんだ層が見える方を上下にして、25cm四方にのばして、タテ25cm×ヨコ12.5cmに2等分する（1/2パトン×2枚）。

1/4パトンにする場合
折りたたんだ層が見える方を上下にして、25cm四方にのばして、12.5cm四方に4等分する（1/4パトン×4枚）。

生地が残った場合は、冷凍保存します。冷凍保存する前に、必ず次に作るお菓子の成形をして、ビニール袋に入れ、冷凍庫に入れてください。1週間くらいもちます。冷蔵庫では保存できません。

パイ生地が
ふくらむ仕組み

　小麦粉に水を加えて練り上げると、ひとつのまとまった生地になります。これは小麦粉に含まれる蛋白質と水が結合してできた、やわらかいトリモチのようなグルテンによるものです。このグルテンは、小麦粉特有の弾力性と粘着性を持ち、生地を薄く薄くのばすことができます。そして、生地の中にバターの小さなかたまりを入れてのばすと、生地と同時にバターも薄く薄くのびていきます。のばしては折り重ねることで、バターと生地の層とが交互になった薄い層が数多く重なり合います。生地と生地の層は、その間にバターの層があるためにくっつきません。
　これに強い熱を加えると、まずバターが急激に熱を吸収し、高温になります。このバターの熱が生地に含まれた水分を熱し、水蒸気となり、生地の中の圧力は高くなり、生地がふくらみます。しかし生地の調整やのばし方が悪く、生地の層、バターの層どちらかが途中で切れてしまうと、生地の層どうしがくっつき合い、もう離れることはなくなるので、たとえ生地の中の圧力が高くなってもふくらみません。あるいはふくらみが不十分な、重くてかたい歯ざわりの焼き上がりになります。ですから、生地とバターの層が途中で切れないようにすることが大切です。
　生地の練り方が軽すぎるとグルテンが少なすぎて、のびる力が弱くなり、途中で生地の層が切れやすくなります。また、一度やわらかくなったことのあるバターはのびる力が弱く、途中で切れやすくなります。
　たとえバターと生地の練り方がうまくいっても、これを温かい台の上でのばせば、バターの層は溶けて生地の層から漏れ出し、生地の層どうしがくっついてしまいます。このようなポイントをしっかりおさえて作れば、必ずおいしいパイができ上がります。

Petits fours secs
プティ・フール・セック

● Langue de bœuf
ラング・ドゥ・ブッフ

素朴な力強さが、これを口に入れ、
噛んだとたんに口中に溢れます。

||| Allumette au fromage
チーズのアリュメットゥ

いつものチーズがちょっと装いをかえて、
食前酒を一段とおいしくしてくれます。

Bâtonnet au fromage
バトネ・オ・フロマージュ

軽やかで、何となく楽しいことが起こりそうな、
そんな歯ざわりと味わいです。

Allumette aux sésames et aux pavots
胡麻と芥子の実のアリュメットゥ

プチッとはじける胡麻と芥子の実が、とても香ばしいのです。
懐かしさと異国情緒をのせたパイです。

Langue de bœuf

ラング・ドゥ・ブッフ

器具

- 台
- めん棒
- 刷毛
- 定規
- 厚さ4mmの板2本
- 丸抜き型（直径6cm）
- 紙
- ケーキクーラー

材料（18〜19枚分）

パートゥ・フイユテ
P 16-18 参照　1/2パトン使用

グラニュー糖 ……………………… 90 g
※赤砂糖 …………………………… 90 g
（ブラウンシュガーでも可）
※フランスのキャソナッドゥがおすすめです。

ラング・ドゥ・ブッフは「牛の舌」。焼き上がった形が似ているところから、この名前で呼ばれています。

作り方

1 パートゥ・フイユテを作り、1/2パトン用意する。

2 成形する。
1の両側に厚さ4mmの板をおき、タテ25cm×ヨコ22cmにのばす。a

3 丸抜き型で14枚抜く。b

4 切れ端を軽くたたいてまとめc、2〜3と同様にして3枚抜く。もう一度同様に1〜2枚抜く。冷蔵庫で1時間休ませる。
＊保存する場合はここで冷凍する。

5 グラニュー糖と赤砂糖を合わせたものを、紙の上に少しふり、その上に4をおいて、さらにふりかける。d

6 長さ16cmの楕円にのばしe、冷蔵庫で1時間休ませる。
＊砂糖が溶けてしまうので、冷蔵庫に長時間入れないこと。

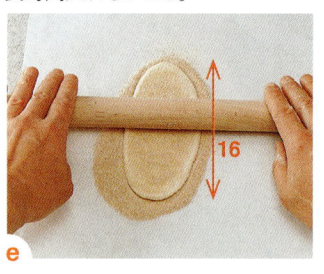

7 オーブンと天板2枚を予熱する。

電子レンジオーブン	ガス高速オーブン
240℃	200℃

8 6を冷蔵庫から出してすぐに、1枚の天板に5枚並べ、オーブンに入れて焼く。焼き縮みするので、生地は少し重なってかまわない。f

電子レンジオーブン	ガス高速オーブン
220℃／12〜13分	190℃／5分 ↓ 天板の上段と下段、奥と手前を入れかえて 5分

9 砂糖が半分くらい溶けて、全体が濃いめのキツネ色になったら出し、ケーキクーラーの上で冷ます。

Bâtonnet au fromage

バトネ・オ・フロマージュ

器具

- ボウル（直径12cm）
- 木べら
- 台
- めん棒
- 刷毛
- 定規
- チーズリナー
- パレットナイフ
- 紙
- 霧吹き
- ケーキクーラー

材料（70本分）

パートゥ・フイユテ
P 16-18 参照
基本の材料の1/2量を用意して、18まで作ってください。

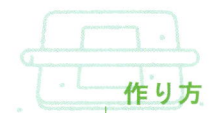

チーズペースト
★ すりおろしたエダムチーズ …… 200 g
　卵黄 ……………… 40 g（約2個分）
胡椒 …………………………… 1.2 g

作り方

1 チーズペーストを作る。
★を木べらでよく練り、胡椒を加え混ぜる。a

2 パートゥ・フイユテを18まで作り、1の1/2量をパレットナイフで全面に塗りb、4つ折りにする。

3 層が見える方を上下にして、タテ45cm×ヨコ15cmにのばし、1の残りを同様に塗り、3つ折りにして、冷蔵庫で1時間休ませる。

4 成形する。
層が見える方を上下にして、タテ25cm×ヨコ15cmにのばし、タテ12.5cm×ヨコ15cmに2等分する。

5 1枚の生地をそのままの方向でタテ18cm×ヨコ35cmにのばす。一度持ち上げてたるませ、紙の上におき、細かく十分にピケをする。c

6 幅1cmに切りd、冷蔵庫で1時間休ませる。あと1枚も同様にする。

7 オーブンを予熱する。

電子レンジオーブン	ガス高速オーブン
210℃	180℃

8 天板2枚に霧吹きをして、6の両端を持って1回ねじり、1.5cm間隔で並べ、オーブンに入れて焼く。e

電子レンジオーブン	ガス高速オーブン
190℃／22分	170℃／10分 ↓ 天板の上段と下段、奥と手前を入れかえて 9分

9 全体が薄いキツネ色になったら出し、ケーキクーラーの上で冷ます。
＊焼きすぎると苦みが強くなり、チーズの味わいが感じられなくなる。

チーズの小さなバトネ（棒）という意味。
小さな棒状のお菓子は、よくバトネと名付けられます。

Allumette aux sésames et aux pavots

胡麻と芥子の実のアリュメットゥ

器 具

- ボウル（直径12cm）
- ホイッパー（小）
- こし器
- 台
- めん棒
- 刷毛
- 定規
- 紙
- 霧吹き
- ケーキクーラー

材 料（32本分）

パートゥ・フイユテ
P 16-18 参照　1/4 パトン使用

塗り卵
卵黄	20 g（約1個分）
牛乳	15 g
グラニュー糖	ひとつまみ
塩	ひとつまみ

デコレーション
黒胡麻	15 g
芥子の実	12 g

作り方

アリュメットゥ❶ 共通ルセット A

1 塗り卵を作る。
材料を全部合わせて、小さいホイッパーで混ぜ、こし器で裏ごしする。乾燥しないように、濡れぶきんをかぶせるか、密封容器に入れ、冷蔵庫に入れておく。

2 パートゥ・フイユテを作り、1/4 パトン用意する。

3 成形する。
2をタテ25cm×ヨコ17cmにのばし、一度持ち上げてたるませる。a

4 90度向きをかえてまわりを切り揃えて、タテ16cm×ヨコ24cmにして、細かく十分にピケをする。b

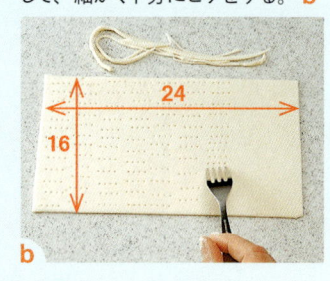

5 タテ8cm×ヨコ24cmに2等分する。c

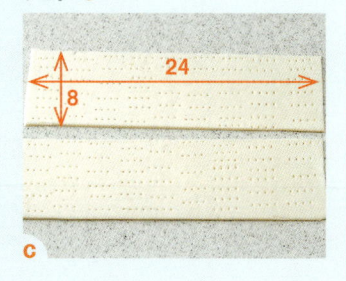

6 1枚の生地を紙の上におき、手前半分に定規をおく。奥半分に塗り卵をして、黒胡麻をのせる。d

7 定規を黒胡麻の上に移し、手前半分に塗り卵をして、芥子の実をのせる。e

8 上に紙をかぶせ、めん棒を軽くあてて、黒胡麻と芥子の実が落ちないようにしっかりと押さえる。f　冷蔵庫で1時間休ませる。あと1枚も同様にする。

Allumette au fromage

チーズのアリュメットゥ

器具

- ボウル（直径12cm）
- ホイッパー（小）
- こし器
- 台
- めん棒
- 刷毛
- 定規
- 紙
- チーズリナー
- ケーキクーラー

材料（32本分）

パートゥ・フイユテ
P 16-18 参照　1/4 パトン使用

塗り卵
卵黄	20 g（約1個分）
牛乳	15 g
グラニュー糖	ひとつまみ
塩	ひとつまみ

すりおろした グリュイエールチーズ	50 g
塩	少々
胡椒	少々
パプリカ	少々

作り方

1　アリュメットゥ❶ 共通ルセット A
（P24 参照）

2　1枚の生地を紙の上におき、全体に塗り卵をして、すりおろしたグリュイエールチーズをのせる。**a**

3　塩、胡椒、パプリカをふる。

4　上に紙をかぶせ、めん棒を軽くあてて、グリュイエールチーズが落ちないようにしっかりと押さえる。冷蔵庫に入れて1時間休ませる。あと1枚も同様にする。

5　アリュメットゥ❶ 共通ルセット B
（P25 参照）

アリュメットゥ❶ 共通ルセット B

9　オーブンを予熱する。
- 電子レンジオーブン　210℃
- ガス高速オーブン　180℃

10　**8** を幅1.5cm に切る。**g**

11　天板2枚に霧吹きをして、**10** を1cm間隔で並べ、オーブンに入れて焼く。
- 電子レンジオーブン　190℃／22分
- ガス高速オーブン　170℃／10分
  ↓
  天板の上段と下段、奥と手前を入れかえて 9分

12　全体がキツネ色になったら出し、ケーキクーラーの上で冷ます。

アリュメットゥは「マッチ棒」の意味。
焼き上がると、
マッチ棒を並べたように見えるので、
この名が付きました。

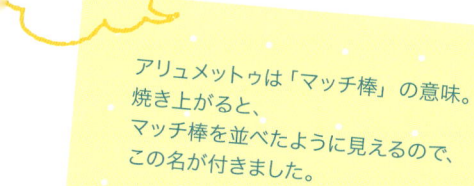

家族揃ってのお祝いの時も、
小さな魚に子供達もきっと目を丸くして大喜び。

Anchois
アンチョビ

まるで宝船みたいに小さな船にオリーブがのっています。
楽しさを満載しています。

Olive farcie
オリーブ・ファルシ

わあーっと皆が声を挙げてしまいます。
ハムを巻いたちっちゃなクロワッサン。

Croissant jambon
クロワッサン・ジャンボン

パイの網に小さなパテ。
いいにおい、きっと一番に手をのばしますよ。

Pâté
パテ

Petits fours salés
プティ・フール・サレ

Anchois
アンチョビ

器具

- ボウル（直径12cm、15cm）
- ホイッパー（小）
- こし器
- フードプロセッサー
- 台
- めん棒
- 厚さ2mmの板2本
- 紙
- 丸口金（口径8mm）
- 絞り袋
- 刷毛
- 魚の抜き型（長さ7.5cm×幅3cm）
- プティクトー
- フォーク
- 霧吹き
- ケーキクーラー

材料（16個分）

パートゥ・フイユテ
P 16-18 参照　1/2 パトン使用

塗り卵

卵黄	20 g（約1個分）
牛乳	15 g
グラニュー糖	ひとつまみ
塩	ひとつまみ

ガルニチュール

アンチョビ	125 g
無塩バター	25 g

レーズン　　　　　　　　　　　　16 個

作り方

1 塗り卵を作る。
材料を全部合わせて、小さいホイッパーで混ぜ、こし器で裏ごしする。乾燥しないように、濡れぶきんをかぶせるか、密閉容器に入れ、冷蔵庫に入れておく。

2 アンチョビバターを作る。
アンチョビの油をよくきり、フードプロセッサーにかけてペースト状にする。バターを加えさらに回す。**a**

3 パートゥ・フイユテを作り、1/4 パトンを2枚用意する。

4 成形する。
3の1枚の生地の両側に厚さ2mmの板をおき、タテ25cm×ヨコ22cmにのばし、一度持ち上げてたるませる。もう1枚も同じサイズにのばしてたるませる。

5 **4**の1枚に細かく十分にピケをし、魚の抜き型の背に強力粉（分量外）をつけ16個分の印をつける。**b** 全面に塗り卵をする。

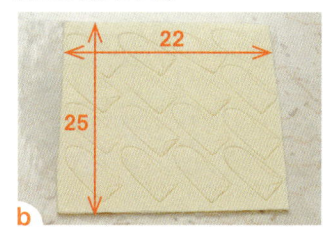

6 丸口金をつけた絞り袋に**2**を入れて**5**に絞る。頭と尾の両端各1.5cmはあけておく。**c**

7 もう1枚の生地はのばした表面を下にしてのせ、乾いた刷毛で押して、上下の生地をしっかりつける。

8 **5**でつけた印とずれないように、魚の抜き型で抜き**d**、紙に並べ塗り卵をする。

9 プティクトーで縁に1cm間隔でピケをし、目の位置にレーズンを押し込む。冷蔵庫で1時間休ませる。

10 オーブンを予熱する。

電子レンジオーブン	ガス高速オーブン
230℃	200℃

11 **9**に再度塗り卵をし、フォークでうろこの模様をつける。

12 天板2枚に霧吹きをして、**11**を並べ**f**、オーブンに入れて焼く。

電子レンジオーブン	ガス高速オーブン
210℃／8分	190℃／8分
↓	↓
天板の上段と下段を入れかえて	天板の上段と下段、奥と手前を入れかえて
7分	7分

13 表面が濃いめのキツネ色、側面がキツネ色になったら出し、ケーキクーラーの上で冷ます。

Olive farcie
オリーブ・ファルシ

器具

- ボウル（直径12cm）
- ホイッパー（小）
- こし器
- 台
- めん棒
- 厚さ2mmの板2本
- 定規
- 刷毛
- 木の葉の抜き型（長径7cm×短径4cm）
- 紙
- プティクトー
- 霧吹き
- ケーキクーラー

材料（16個分）

パートゥ・フイユテ
P 16-18 参照　1/2 パトン使用

塗り卵

卵黄	20 g（約1個分）
牛乳	15 g
グラニュー糖	ひとつまみ
塩	ひとつまみ

スタッフド・オリーブ ……… 16 個

作り方

1 塗り卵を作る。
材料を全部合わせて、小さいホイッパーで混ぜ、こし器で裏ごしする。乾燥しないように、濡れぶきんをかぶせるか、密封容器に入れ、冷蔵庫に入れておく。

2 パートゥ・フイユテを作り、1/4 パトンを 2 枚用意する。

3 成形する。
2の1枚の生地の両側に厚さ2mmの板をおき、タテ25cm×ヨコ21cmにのばし、一度持ち上げてたるませる。細かく十分にピケをして、木の葉の抜き型で16枚抜く。**a**

4 もう1枚の生地は厚さ2mm、タテ21cm×ヨコ25cmにのばし、一度持ち上げてたるませる。タテを7cmに切り、両端を切り揃えてヨコを24cmにしたら1.5cm幅で16本切る。**b**

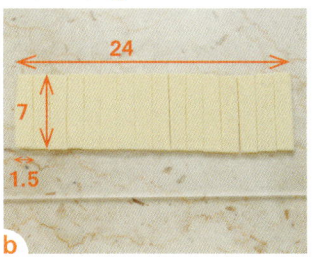

5 3を紙に並べ、塗り卵をし、スタッフド・オリーブを横向きにのせる。4の生地をのせて両端をつける。

6 上の生地に塗り卵をし、両端にプティクトーで2ヶ所ずつピケをして上下の生地をしっかりつける。**c** 冷蔵庫で1時間休ませる。

7 オーブンを予熱する。

電子レンジオーブン	ガス高速オーブン
230℃	200℃

8 天板2枚に霧吹きをして、6を並べる。**d** 再度塗り卵をしオーブンに入れて焼く。

電子レンジオーブン	ガス高速オーブン
210℃／8 分	190℃／8 分
↓	↓
天板の上段と下段を入れかえて	天板の上段と下段、奥と手前を入れかえて
7 分	7 分

9 表面が濃いめのキツネ色、側面がキツネ色になったら出し、ケーキクーラーの上で冷ます。

Croissant jambon
クロワッサン・ジャンボン

器具

- ボウル（直径12cm）
- ホイッパー（小）
- こし器
- 台
- めん棒
- 厚さ2mmの板2本
- 定規
- 刷毛
- 紙
- プティクトー
- 霧吹き
- ケーキクーラー

材料（16個分）

パートゥ・フイユテ
P 16-18 参照　1/4 パトン使用

塗り卵
卵黄	20 g（約1個分）
牛乳	15 g
グラニュー糖	ひとつまみ
塩	ひとつまみ

ガルニチュール
ハム（幅8cm×長さ4cm）	16 本
塩	少量
胡椒	少量

作り方

1 塗り卵を作る。
材料を全部合わせて、小さいホイッパーで混ぜ、こし器で裏ごしする。乾燥しないように、濡れぶきんをかぶせるか、密封容器に入れ、冷蔵庫に入れておく。

2 パートゥ・フイユテを作り、1/4 パトン用意する。

3 成形する。
2 の両側に厚さ 2mm の板をおき、タテ20cm×ヨコ30cmにのばし、一度持ち上げてたるませる。底辺7.5cm×高さ10cmの三角形を14枚切る。両端の半端な生地も塗り卵ではり合せて使う。 a

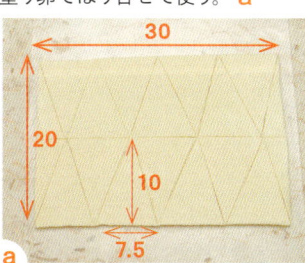

4 3つの角に薄めに塗り卵をし、底辺の手前を1cmあけてハムをおく。 b

5 ハムを生地でひと巻きし、生地の両端を少し引っ張ってのばし最後まで巻く。巻き終わりをプティクトーで2ヶ所ピケをしてとめる。 c

6 両端をつなげ、指で押さえてしっかりとつける。つけたところにもプティクトーで2ヶ所ピケをする。 d

7 6を紙に並べ、塗り卵をしたら、冷蔵庫で1時間休ませる。

8 オーブンを予熱する。

電子レンジオーブン	ガス高速オーブン
270℃	240℃

9 天板2枚に霧吹きをして、7を並べる。 e 再度塗り卵をし、塩、胡椒をふったらオーブンに入れて焼く。

電子レンジオーブン	ガス高速オーブン
250℃／11分	230℃／7分
↓	↓
天板の上段と下段を入れかえて	天板の上段と下段、奥と手前を入れかえて
220℃／5分	180℃／6〜7分

10 表面が濃いめのキツネ色、側面がキツネ色になったら出し、ケーキクーラーの上で冷ます。

Pâté
パテ

器具

- ボウル（直径 12cm、18cm）
- ホイッパー（小）
- こし器
- フードプロセッサー
- 台
- めん棒
- 厚さ 2mm の板 2 本
- メッシュローラー
- 紙
- 刷毛
- 丸抜き型（直径 4cm、5cm）
- プティクトー
- 霧吹き
- ケーキクーラー

材料（16個分）

パートゥ・フイユテ
P 16-18 参照　1/2 パトン使用

塗り卵
卵黄	20 g（約1個分）
牛乳	15 g
グラニュー糖	ひとつまみ
塩	ひとつまみ

パテ
*分量が少ないと作りにくいので倍量分を表示

牛ランプ肉	85 g
豚バラ肉（あれば首肉）	85 g
塩	2 g
全卵	25 g
白ワイン	13 g
玉ねぎ	11 g
エシャロットゥ	7 g
イタリアンパセリ	14 g
にんにく	7 g
胡椒	少々
ナツメグ	少々
※キャトルエピス	少々

※カイエンヌペッパー、ナツメグ、丁子、シナモンを混ぜた粉末状のスパイス。「キャトルエピス」という名前で市販されています。

作り方

1 塗り卵を作る。
材料を全部合わせて、小さいホイッパーで混ぜ、こし器で裏ごしする。乾燥しないように、濡れぶきんをかぶせるか、密封容器に入れ、冷蔵庫に入れておく。

2 パテを作る。

① 玉ねぎ、エシャロットゥ、イタリアンパセリ、にんにくはみじん切りにする。

② 肉をフードプロセッサーで細かく、3〜4mm の粗い粒が残る程度まで挽く。ボウルに挽いた肉、塩、ほぐした全卵の半量を入れて、手でよく混ぜる。

③ 十分に粘りが出てきたら、残りの卵を加え、白ワインを3回に分けて加える。

④ 残りの材料を全て加え混ぜる。

⑤ 8 g ずつ丸めて、10〜15 分冷凍庫に入れ表面を軽く固める。a

3 パートゥ・フイユテを作り、1/4 パトンを2枚用意する。

4 成形する。
3 の 1 枚の生地の両側に厚さ 2mm の板をおき、タテ 23cm ×ヨコ 24cm にのばし、一度持ち上げてたるませる。2 回ピケをし、直径 5cm の丸抜き型の背に強力粉（分量外）をつけ 14 個分印をつける。**b** 冷蔵庫で 1 時間休ませる。

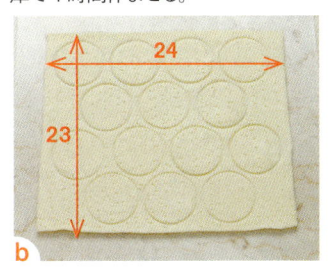

5 もう 1 枚の生地は厚さ 2mm、タテ 18cm ×ヨコ 30cm にのばし、一度持ち上げてたるませる。メッシュローラーで切り込みを入れる。**c** 10 〜 15 分冷凍庫に入れ生地をしめる。
＊メッシュローラーがない場合は、定規をあててプティクトーで切り目を入れる。

6 4 に塗り卵をし、丸めておいたパテをおく。5 をめん棒で巻き取り、網状に広げながらかぶせる。乾いた刷毛で強めに押して、上下の生地をしっかりつける。

7 パテの周りを直径 4cm の丸抜き型の背で円を描いてこすり、パテと生地をつける。**d**

8 直径 5cm の丸抜き型で抜き、紙に並べる。

9 プティクトーで縁になるべくたくさんピケをし **e**、上下の生地をつける。塗り卵をし、冷蔵庫で 1 時間休ませる。

10 オーブンを予熱する。

電子レンジオーブン	ガス高速オーブン
270℃	240℃

11 天板 2 枚に霧吹きをして、9 を並べる。**f** 再度塗り卵をし、オーブンに入れて焼く。

電子レンジオーブン	ガス高速オーブン
250℃／7 分	230℃／7 〜 8 分
↓	↓
天板の上段と下段を入れかえて 200℃／9 分	天板の上段と下段、奥と手前を入れかえて 180℃／8 〜 9 分

13 表面が濃いめのキツネ色、側面がキツネ色になったら出し、ケーキクーラーの上で冷ます。

サレは「塩味」。ちょっとしたパーティのおつまみに最適です。

とにかく、これを食べれば顔がゆるんでしまいます。
素朴で温かく、嬉しいパイの歯ざわりが聞こえてくるような、
そんな味わいのお菓子です。

Mille-feuille
ミルフイユ

Mille-feuille aux bananes
ミルフイユ・オ・バナーヌ

Mille-feuille
ミルフイユ

Mille-feuille

Mille-feuille
ミルフイユ

器具
- 台
- めん棒
- 刷毛
- 定規
- 木べら
- 丸口金（口径10mm）
- 絞り袋
- 茶こし
- 波刃包丁
- ケーキクーラー

材料 （18cm×18cm 1台分）

パートゥ・フイユテ
P 16-18 参照　3/5 パトン使用

粉糖 ……………………………………… 適量

バター風味の
クレーム・パティスィエール
クレーム・パティスィエール ……… 650 g
バター ……………………………… 65 g

作り方

ミルフィユ共通ルセット A

1 パートゥ・フイユテを作り、1/2 パトンを 2 枚用意する。

2 成形する。
1 の 1 枚からタテ 10cm ×ヨコ 12.5cm を 2 枚取る。もう 1 枚から同じサイズのものを 1 枚取る。残りの生地は使わない。a

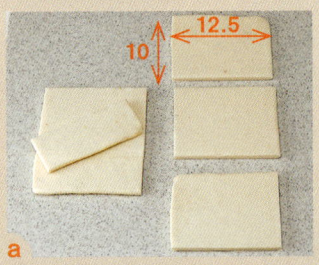

3 3 枚とも 23cm 四方にのばし、一度持ち上げてたるませ、細かく十分にピケをする。b

4 まわりを切り揃えて、22cm 四方にする。冷蔵庫で 1 時間休ませる。

5 バター風味のクレーム・パティスィエールを作る。
① P 92-93
〈クレーム・パティスィエール〉
1〜11 参照

② バターをやわらかめにして、2 回に分けて加え、木べらで混ぜる。

ミルフイユは「千枚の葉」の意味。
薄い葉を重ねたようなパイが、口の中でサクサク、
ハラハラと崩れ落ちる様子を表しています。

ミルフィユ共通ルセット B

6 オーブンと天板2枚を予熱する。

電子レンジオーブン	ガス高速オーブン
270℃	240℃

7 4を冷蔵庫から1枚出して、すぐに天板にのせ、オーブンに入れて焼く。

電子レンジオーブン
250℃／3～4分 **c**
↓
熱した天板をのせる。**d**
210℃／9分
↓
生地を裏返して、粉糖をふる。**e**
270℃／2分

ガス高速オーブン
230℃／3～4分 **c**
↓
熱した天板をのせる。**d**
190℃／5分
↓
天板の奥と手前を入れかえて
4分
↓
生地を裏返して、粉糖をふる。**e**
250℃／2分

＊生地をあまりふくらませないように、天板をのせて焼く。

8 粉糖が溶けて、全体が濃いめのキツネ色になったら出し **f**、ケーキクーラーの上で冷ます。あと2枚も同様に焼く。

9 8が冷めたら、まわりを切り揃えて、18cm四方にする。**g**

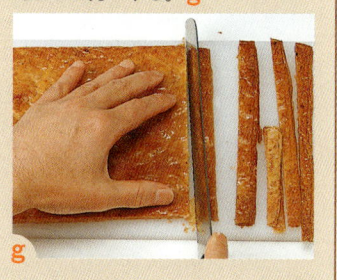

10 1枚の生地を10等分に切り、食べる時に切りやすいようにしておく。**h**

11 丸口金をつけた絞り袋に5を入れて、もう1枚の生地に口金と同じ太さで絞る。まず、左右両側に1本ずつ絞り、奥から手前に絞る。**i**

12 もう1枚の生地をのせ、11と同様に絞る。10をのせる。

Mille-feuille 35

Mille-feuille aux bananes
ミルフイユ・オ・バナーヌ

器具

- 台
- めん棒
- 刷毛
- 定規
- こし器
- ボウル(小)
- ゴムべら
- 木べら
- フライパン
- バット
- 平口金
- 絞り袋
- ケーキクーラー

材料 （18cm×18cm 1台分）

パートゥ・フイユテ
P 16-18 参照　3/5 パトン使用

粉糖 ………………………… 適量

バター風味のクレーム・パティスィエール・バナーヌ

強力粉	22 g
薄力粉	15 g
バナナ	100 g（約1本分）
牛乳	320 g
バニラ棒	1/3 本
卵黄	95 g（約5個分）
グラニュー糖	65 g
バター	30 g

バター ………………………… 65 g

バナナのソテー

バナナ	220 g（約2本分）
（かためのもの）	
バター	20 g
※赤砂糖	25 g
（ブラウンシュガーでも可）	
ダークラム	10 g

※フランスのキャソナッドゥがおすすめです。

作り方

1 ミルフイユ共通ルセット A
（P34 参照）

2 バター風味のクレーム・パティスィエール・バナーヌを作る。
① バナナをこし器で裏ごしして 80 g 取る。

② P 92-93
〈クレーム・パティスィエール〉
1～11 参照
2のときに①を加える。**a**

③ バター 65 g をやわらかめにして、2 回に分けて加え、木べらで混ぜる。

3 バナナのソテーを作る。
① フライパンを中火にかけてバターを溶かし、赤砂糖を加え、濃いめの茶色になるくらいに焦がす。**b**

② 厚さ 5mm に切ったバナナを入れ、フォークで丁寧に裏返して、両面に焼き色をつける。**c**
＊ バナナは崩れやすいので、フライパンをゆすらないこと。

③ 強火にして（火を全開にする）ダーククラムを加え、フライパンをずらしてフランベする（アルコールを飛ばす）。**d** すぐにガスの火を止める。
＊ フライパンを動かすと火が広がるので、火が自然に消えるのを待つこと。

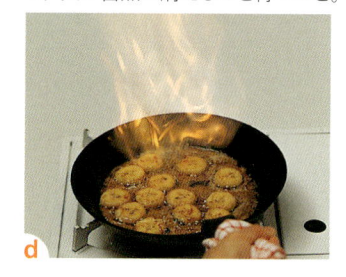

④ バットに移して冷ます。

4 ミルフイユ共通ルセット B
（P35 参照）

5 平口金をつけた絞り袋に 2 を入れて、1 枚の生地に薄く絞る。まず左右両側に 1 本ずつ絞り、奥から手前に絞る。**e**

6 3 を並べ、5 と同様に絞る。**f**

7 もう 1 枚の生地をのせ、5～6 を繰り返して、10 等分に切った生地をのせる。

> ソテー用のバナナは
> 少し味、香りに欠けたとしても、
> あまりやわらかくないものを選びましょう。

Mille-feuille aux bananes

38 Mille-feuille aux fraises

Mille-feuille
aux fraises

ミルフイユ・オ・フレーズ

ミルフイユの深い味わいに苺が加わると、とても可愛らしく、
お母さんに甘える子供のようなあどけなさが垣間見えます。

Mille-feuille aux fraises

ミルフイユ・オ・フレーズ

器具

- 台
- めん棒
- 刷毛
- 定規
- 木べら
- 茶こし
- 波刃包丁
- 平口金
- 絞り袋
- ケーキクーラー
- パレットナイフ
- 厚紙

材料 （8.5cm×18cm 1台分）

パートゥ・フイユテ
P 16-18 参照　3/5 パトン使用

粉糖 …………………………… 適量

バター風味の
クレーム・パティスィエール
生地の間用に約 280 g、
側面用に約 100 g 使用

強力粉	12 g
薄力粉	9 g
牛乳	240 g
バニラ棒	1/3 本
卵黄	70 g（約 4 個分）
グラニュー糖	50 g
バター	15 g

バター …………………………… 38 g

ガルニチュール
スライスした苺 ……………… 約 10 個分

デコレーション
苺（中） ………………………… 適量
スライスアーモンド …………… 適量
粉糖 ……………………………… 適量

作り方

1 パートゥ・フイユテを作り、1/2 パトン用意する。

2 成形する。

1 からタテ 16cm ×ヨコ 12.5cm を取る。残りの生地は使わない。a

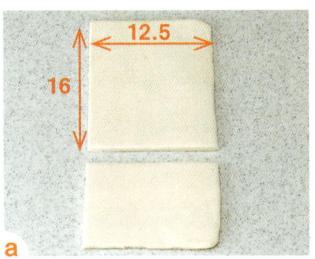

3 2 をタテ 34cm ×ヨコ 21cm にのばし、一度持ち上げてたるませ、細かく十分にピケをする。まわりを切り揃えて、タテ 33cm ×ヨコ 20cm にする。

4 3 をタテ 11cm ×ヨコ 20cm に 3 等分して b、冷蔵庫で 1 時間休ませる。

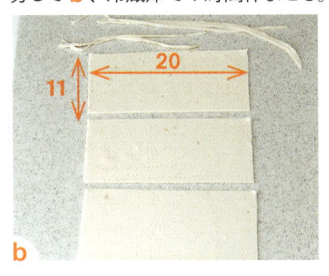

5 バター風味のクレーム・パティスィエールを作る。
① P 92-93
〈クレーム・パティスィエール〉
1 ～ 11 参照

② バター 38 g をやわらかめにして、2 回に分けて加え、木べらで混ぜる。

6 スライスアーモンドをオーブン（180℃）で焼き、キツネ色にする。**c**

7 オーブンと天板2枚を予熱する。

電子レンジ オーブン	ガス高速 オーブン
270℃	240℃

8 4を冷蔵庫から1枚出して、すぐに天板にのせ、オーブンに入れて焼く。

電子レンジ オーブン	ガス高速 オーブン
250℃／3〜4分 ↓ 熱した天板をのせる。 210℃／9分 ↓ 生地を裏返して、 粉糖をふる。 270℃／2分	230℃／3〜4分 ↓ 熱した天板をのせる。 190℃／5分 ↓ 天板の奥と手前を 入れかえて 4分 ↓ 生地を裏返して、 粉糖をふる。 250℃／2分

＊ 生地をあまりふくらませないように、天板をのせて焼く。

9 粉糖が溶けて、全体が濃いめのキツネ色になったら出し、ケーキクーラーの上で冷ます。あと2枚も同様に焼く。

10 生地が冷めたら、まわりを切り揃えて、タテ8.5cm×ヨコ18cmにする。**d**

11 平口金をつけた絞り袋に5約280gを入れて、1枚の生地に薄く絞る。**e**

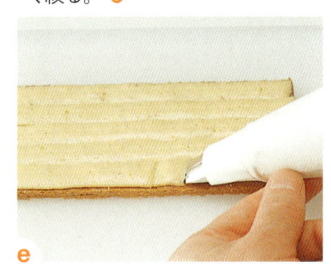

12 スライスした苺を並べ、11と同様に絞り**f**、生地をのせる。

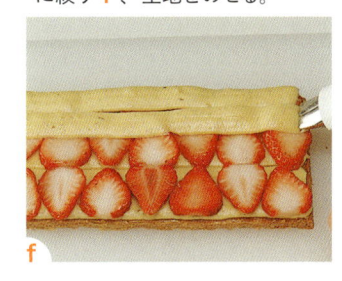

13 11〜12を繰り返す。

14 側面の生地が隠れるように5約100gをパレットナイフで塗り、6をつける。**g**

15 表面の真ん中に細長い厚紙をおき、粉糖をふる。**h**

16 紙を取り除き、粉糖をふっていないところに、へたを取った苺を飾る。

Mille-feuille aux fraises

Napolitain

ナポリタン

明るい素直なおいしさです。
貝殻には誰もが小さな思い出を持っているはずです。
少し無邪気な感じに作ってください。

Chausson aux pommes

ショソン・オ・ポンム

土の恵みとニオイが暖かくパイの中にいっぱい詰まっていて、
いまにも溢れ出しそうなほどにうずうずしています。

Napolitain
ナポリタン

器具

- ボウル（直径12cm）
- ホイッパー（小）
- こし器
- 台
- めん棒（太、細）
- 刷毛
- 定規
- パレットナイフ
- おろし金
- 丸口金（口径10mm）
- 絞り袋
- プティクトー
- 紙
- ケーキクーラー
- 茶こし

材料（9個分）

パートゥ・フイユテ
P 16-18 参照　1/2 パトン使用

塗り卵
卵黄	20 g（約1個分）
牛乳	15 g
グラニュー糖	ひとつまみ
塩	ひとつまみ

バター ...... 15 g

クレーム・パティスィエール・シトロン
強力粉	16 g
薄力粉	11 g
牛乳	255 g
バニラ棒	1/2 本
卵黄	90 g（約5個分）
グラニュー糖	85 g
レモンの皮	1/2 個弱
レモン汁	30 g
バター	20 g

粉糖 ...... 適量

作り方

1 塗り卵を作る。
材料を全部合わせて、小さいホイッパーで混ぜ、こし器で裏ごしする。乾燥しないように、濡れぶきんをかぶせるか、密封容器に入れ、冷蔵庫に入れておく。

2 パートゥ・フイユテを作り、1/2 パトン用意する。

3 バター15 gは室温（20～25℃）で、指がすっと入るやわらかさにする。

4 成形する。
2をタテ50cm×ヨコ12.5cmにのばす。a

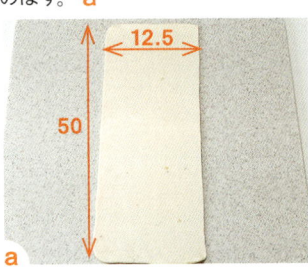

5 手前3cmを5cmになるまで薄くのばし、塗り卵をする。b

イタリアのナポリの海岸の貝殻に似ているので、「ナポリのお菓子」と名付けられました。

6 塗り卵をしていない部分に、パレットナイフで **3** をすばやく塗る。**c**

＊バターがかたまらないうちに塗る。バターを塗ることで、貝殻のような焼き上がりになる。

7 奥から手前に巻き **d**、冷凍庫で1時間冷やしかためる。

8 クレーム・パティスィエール・シトロンを作る。
P 92-93
〈クレーム・パティスィエール〉
1〜11 参照
3 のときに、すりおろしたレモンの皮を加える。**8** のときに、火を止めてから、レモン汁を3回に分けて加え混ぜる。**e**

9 オーブンと天板2枚を予熱する。

電子レンジオーブン	ガス高速オーブン
270℃	240℃

10 **7** を9等分して、細いめん棒でタテ 16cm×ヨコ 10cm の楕円にのばす。**f**

11 手前半分の縁に塗り卵をする。

12 丸口金をつけた絞り袋に **8** を入れて、塗り卵をした内側に 40 g 絞る。**g**

13 奥から手前に折り、縁を強く押して、上下の生地をしっかりつける。プティクトーで縁に 1cm 間隔でピケをする。**h**

14 **13** を紙に並べ、表面に塗り卵を2回する。**i**

15 上段の天板に4個、下段の天板に5個並べ、オーブンに入れて焼く。

電子レンジオーブン	ガス高速オーブン
250℃／13 分	230℃／6 分 ↓ 天板の上段と下段、奥と手前を入れかえて 6 分

16 全体が薄いキツネ色になったら出し、ケーキクーラーの上で冷ます。

17 **16** が冷めたら、表面に粉糖をふる。**j**

Napolitain 45

Chausson aux pommes
ショソン・オ・ポンム

器具
- ボウル（直径12cm、18cm）
- ホイッパー（小）
- こし器
- 台
- めん棒（太、細）
- 刷毛
- 定規
- 厚さ4mmの板2本
- 菊抜き型（直径10cm）
- 紙
- プティクトー
- ケーキクーラー

材料（9個分）

りんごのコンポットゥ
P 90 参照

パートゥ・フイユテ
P 16-18 参照　1パトン使用

塗り卵
卵黄	20 g（約1個分）
牛乳	15 g
グラニュー糖	ひとつまみ
塩	ひとつまみ

ガルニチュール
りんごのコンポットゥ	360 g
★ ラム酒漬けレーズン	80 g
漬け込み汁	20 g
7〜8mmに刻んだくるみ	40 g
7〜8mmに刻んだ皮むきアーモンド	30 g
シナモン	0.6 g

シロップ
グラニュー糖	35 g
水	27 g

下準備
りんごのコンポットゥを作る。
P90
タルトゥ・タタン　下準備参照

作り方

1　塗り卵を作る。
材料を全部合わせて、小さいホイッパーで混ぜ、こし器で裏ごしする。乾燥しないように、濡れぶきんをかぶせるか、密閉容器に入れ、冷蔵庫に入れておく。

2　パートゥ・フイユテを作り、1パトン用意する。

3　ガルニチュールを作る。
りんごのコンポットゥを2cm角に切り、★を加え、スプーンで軽く混ぜる。1時間くらいおくとラムの香りが染み込む。a

4　成形する。
2の両側に厚さ4mmの板をおき、32cm四方にのばし、菊抜き型で9枚抜く。b

ショソン・オ・ポンムは「りんごの詰まった布靴」という意味。
焼き上がった形が、昔の布靴に似ているところから。

5 細いめん棒で長さ12cm弱にのばす。**c**

6 90度向きをかえて、上下を幅1.5cmずつそのままの厚さで残して、中央の部分だけをのばし、長さ16.5cmにする。**d**
＊上下の部分は、薄くすると焼いたときにふくらまない。

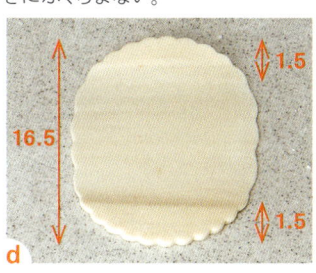

7 手前半分の縁2cmに塗り卵をする。**e**

8 塗り卵をした内側に、**3**を60gのせる。**f**

9 奥から手前に折り、縁を強く押して、上下の生地をしっかりつける。**g**

10 **9**を紙の上に裏返しておき、プティクトーで縁に6ヶ所ピケをする。**h**
＊裏返した方が、生地が平らで模様がつけやすい。

11 表面に塗り卵をして、冷蔵庫で1時間休ませる。

12 シロップを作る。
手付き鍋に材料を入れてよく混ぜ、中火にかけて軽く沸騰させ、火を止める。

13 オーブンと天板2枚を予熱する。

電子レンジオーブン	ガス高速オーブン
270℃	220℃

14 **11**の表面に再度塗り卵をする。

15 プティクトーで好みの模様をつける。けずって塗り卵が落ちた部分が模様になる。**i**

16 蒸気を抜くために、プティクトーで真ん中に3ヶ所ピケをする。**j**

17 上段の天板に4個、下段の天板に5個並べ、オーブンに入れて焼く。

電子レンジオーブン	ガス高速オーブン
250℃／5分	210℃／5分
↓	↓
210℃／15分	190℃／6分
	↓
	天板の上段と下段、奥と手前を入れかえて6〜7分

18 全体がキツネ色になったら出し、刷毛で表面にシロップを塗り、艶を出す。**k**

19 ケーキクーラーの上で冷ます。

Chausson aux pommes

Bouchée aux
épinards et aux
œufs de caille

ほうれん草とうずらの卵のブーシェ

Bouchée
ブーシェ

Bouchée
à la niçoise

ニース風ブーシェ

Bouchée aux
champignons

シャンピニオンのブーシェ

もうすぐ心待ちにしていた、心が踊る久しぶりの宵への思い。
今日はあの人もあの方もやって来て、どんなにか楽しい食卓になることでしょう。

Bouchée à la niçoise
ニース風ブーシェ

器具
- ボウル（直径12cm、18cm）
- ホイッパー（大、小）
- こし器
- 台
- めん棒
- 刷毛
- 定規
- プティクトー
- ふるい
- 手付き鍋
- 木べら
- フライパン
- チーズリナー
- 紙
- 霧吹き

材料（3個分）

パートゥ・フイユテ
P 16-18 参照　1/2 パトン使用

塗り卵
卵黄	20 g（約1個分）
牛乳	15 g
グラニュー糖	ひとつまみ
塩	ひとつまみ

ベシャメルソース
強力粉	18 g
薄力粉	18 g
牛乳	350 g
バター	36 g
★ 塩	5.3 g
胡椒	適量
ナツメグ	適量
すりおろしたグリュイエールチーズ	11 g

ガルニチュール
赤ピーマン	60 g
塩	少々
胡椒	少々
ツナの缶詰	90 g
黒オリーブ	30 g
オリーブオイル	12 g
ベシャメルソース	143 g
★★ 塩	少々
胡椒	少々
ナツメグ	少々
刻んだエダムチーズ	11 g

作り方

ブーシェ① 共通ルセット A

1 塗り卵を作る。
材料を全部合わせて、小さいホイッパーで混ぜ、こし器で裏ごしする。乾燥しないように、濡れぶきんをかぶせるか、密閉容器に入れ、冷蔵庫に入れておく。

2 パートゥ・フイユテを作り、1/2パトン用意する。

3 成形する。
2 をタテ15cm×ヨコ12.5cmとタテ10cm×ヨコ12.5cmに切り分ける。a

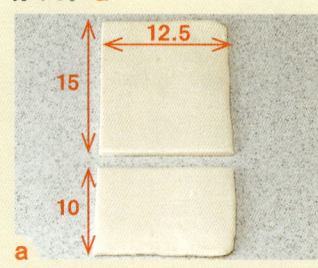

4 タテ10cm×ヨコ12.5cmの生地を、タテ25cm×ヨコ13cmにのばす。b

5 90度向きをかえて一度持ち上げてたるませ、細かく十分にピケをする。まわりを切り揃えて、タテ12cm×ヨコ8cmに3等分する。c

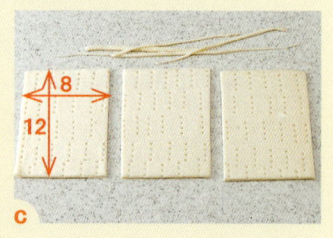

6 タテ15cm×ヨコ12.5cmの生地は、タテ25cm×ヨコ13cmにのばす。90度向きをかえて一度持ち上げてたるませ、まわりを切り揃えて、タテ12cm×ヨコ8cmに3等分する。

7 6 を紙の上におき、さらにタテ10cm×ヨコ6cmを切り抜く。d

8 5 の縁1cmに塗り卵をして、7 をのせ、底が平らなもので強く押して、上下の生地をしっかりつける。

9 プティクトーで縁に1cm間隔でピケをし e、縁に塗り卵をして、冷蔵庫で1時間休ませる。

10 ベシャメルソースを作る。

① 強力粉と薄力粉を一緒にふるう。

② 牛乳を温める。

③ 手付き鍋を弱火にかけてバターを溶かし、①を一度に加え、木べらで混ぜる。色をつけないように4分くらい炒める。**f**

④ 火を止めて、②の1/3量を加え、ホイッパーでよく混ぜる。残りを3回に分けて加え混ぜ、中火にかけて、さらによく混ぜる。

⑤ 軽く沸騰したら火を止め、★を加え混ぜる。**g**

11 ガルニチュールを作る。

① フライパンを中火〜強火にかけてオリーブオイル（分量外）を熱し、7mm角に刻んだ赤ピーマンを入れて少し色がつくくらいに炒め、塩、胡椒を加え混ぜる。**h** 火を止めて冷ます。

② ①にほぐしたツナ、5mm角に刻んだ黒オリーブ、オリーブオイルを加え混ぜる。

③ ベシャメルソースを木べらでほぐし、②と★★を加え混ぜる。**i**

ブーシェ① 共通ルセット B

12 オーブンを予熱する。

電子レンジオーブン	ガス高速オーブン
270℃	240℃

13 天板1枚に霧吹きをし、9の縁に再度塗り卵をして、オーブンに入れて焼く。

電子レンジオーブン	ガス高速オーブン
250℃／3〜4分	230℃／3〜4分
↓	↓
少しふくらみ、焼き色がついたら	少しふくらみ、焼き色がついたら
210℃／14〜15分	190℃／7〜8分
	↓
	天板の奥と手前を入れかえて6〜7分

14 全体がキツネ色になったら出す。j

15 食べる直前に11を入れ、温める。k

電子レンジオーブン	ガス高速オーブン
150℃／約10分	130℃／約10分

Bouchée à la niçoise

Bouchée aux champignons
シャンピニオンのブーシェ

ガルニチュールをかえるだけで、
また違ったおいしさが口いっぱいに広がります。

作り方

1 ブーシェ① 共通ルセット A

（P50-51 参照）

2 ガルニチュールを作る。
① マッシュルームはタテに 1/4 に切る。エシャロットゥ、イタリアンパセリは 2〜3mm に刻む。a

② フライパンを中火にかけてバターを溶かし、エシャロットゥを入れて軽く炒める。

③ マッシュルームを加えてよく炒め、★を加え混ぜる。b 火を止めて冷ます。

④ ベシャメルソースを木べらでほぐし、③とイタリアンパセリ、刻んだエダムチーズを加え混ぜる。

3 ブーシェ① 共通ルセット B

（P51 参照）

材料（3個分）

パートゥ・フイユテ
塗り卵
ベシャメルソース
　　　　　……… 分量は P 50 と同様

ガルニチュール

マッシュルーム	113 g
エシャロットゥ	23 g
イタリアンパセリ	11 g
バター	12 g
★ 塩	少々
胡椒	少々
ナツメグ	少々
ベシャメルソース	143 g
刻んだエダムチーズ	11 g

Bouchée aux épinards et aux œufs de caille
ほうれん草とうずらの卵のブーシェ

作り方

材料（3個分）

パートゥ・フイユテ
塗り卵
ベシャメルソース
　　　　……… 分量はP50と同様

ガルニチュール
うずらの卵	………………	3個
ほうれん草	………………	180 g
バター	………………	15 g
★ ┌ 塩	………………	少々
｜ 胡椒	………………	少々
└ ナツメグ	………………	少々
ベシャメルソース	………………	143 g
刻んだエダムチーズ	………………	11 g

1
ブーシェ① 共通ルセット A
（P50-51参照）

2 ガルニチュールを作る。
① うずらの卵はかた茹でにして、4等分する。

② ほうれん草はさっと茹でて、水気を絞り、幅3〜4cmに切る。

③ 手付き鍋を中火にかけてバターを溶かし、少し焦がす。**a**

④ ②を入れてよく炒め、★を加え混ぜる。火を止めて冷ます。

⑤ ベシャメルソースを木べらでほぐし、④と刻んだエダムチーズを加え混ぜる。**b**

3
ブーシェ① 共通ルセット B
（P51参照）

4 表面にうずらの卵を飾る。**c**

Poisson d'avril

Poisson d'avril

ポワソン・ダブリル

楽しく、明るく、もうすぐ春が力強くやって来る、
そんな頃の行事のお菓子です。

Poisson d'avril
ポワソン・ダブリル

器具

- ボウル（直径12cm）
- ホイッパー（小）
- こし器
- 厚紙
- 台
- めん棒
- 刷毛
- 定規
- 紙
- プティクトー
- 木べら
- 丸口金（口径10mm）
- 絞り袋
- 霧吹き
- ケーキクーラー

材料（1台分）

パートゥ・フイユテ
P 16-18 参照　1/2 パトン使用

塗り卵
卵黄	20 g（約1個分）
牛乳	15 g
グラニュー糖	ひとつまみ
塩	ひとつまみ

キルシュ風味の クレーム・パティスィエール
強力粉	4 g
薄力粉	3 g
牛乳	80 g
バニラ棒	1/9 本
卵黄	25 g（約2個分）
グラニュー糖	15 g
バター	5 g
キルシュ	5 g

デコレーション
苺（中）	適量
苺ジャム	適量

作り方

1 塗り卵を作る。
材料を全部合わせて、小さいホイッパーで混ぜ、こし器で裏ごしする。乾燥しないように、濡れぶきんをかぶせるか、密閉容器に入れ、冷蔵庫に入れておく。

2 厚紙で魚の型紙を作る。 a

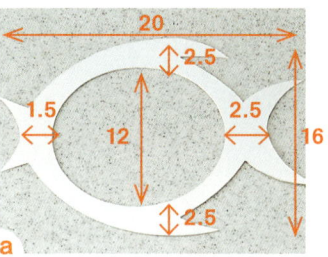

※巻末添付の型紙を使用してもよいです。

3 パートゥ・フイユテを作り、1/2 パトン用意する。

4 成形する。
3 からタテ 10cm×ヨコ 12.5cm、タテ 12cm×12.5 cm を取る。残りの生地は使わない。b

5 タテ 10 cm×ヨコ 12.5 cm の生地を、タテ 19 cm×ヨコ 22 cm にのばし、一度持ち上げてたるませ、細かく十分にピケをする。c
冷凍庫に 15 分入れて冷やしかためる。

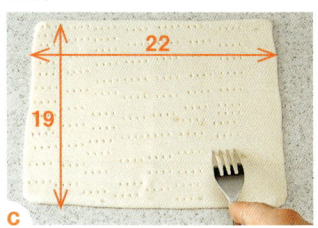

6 タテ12 cm×ヨコ12.5 cmの生地は、タテ19 cm×ヨコ22 cmにのばし、一度持ち上げてたるませる。冷凍庫に15分入れて冷やしかためる。

7 5を紙の上におき、2をあて、外側をプティクトーで切り抜く。**d**

8 6も7と同様にして、さらに中の円を切り抜く。**e**

9 7の縁1.5 cmに薄く塗り卵をする。**f**

10 8を9にのせ、底の平らなもので強く押して、上下の生地をしっかりつける。**g**

11 プティクトーで縁に1 cm間隔でピケをし**h**、縁に塗り卵をして、冷蔵庫で1時間休ませる。

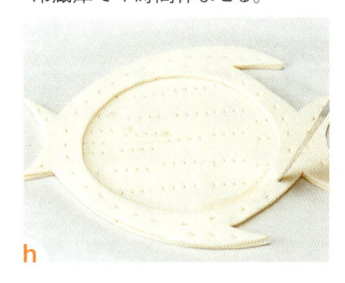

12 オーブンを予熱する。

電子レンジオーブン	ガス高速オーブン
270℃	240℃

13 天板1枚に霧吹きをし、11の縁に再度塗り卵をして、オーブンに入れて焼く。

電子レンジオーブン	ガス高速オーブン
250℃／3～4分	230℃／3～4分
↓	↓
少しふくらみ、焼き色がついたら	少しふくらみ、焼き色がついたら
200℃／13～14分	180℃／6～7分
	天板の奥と手前を入れかえて6～7分

14 側面も十分にキツネ色になったら出し**i**、ケーキクーラーの上で冷ます。

15 キルシュ風味のクレーム・パティスィエールを作る。
① P 92-93
〈クレーム・パティスィエール〉
1～11参照

② ①約55 gにキルシュを加え、木べらで混ぜる。

16 14が冷めたら、丸口金をつけた絞り袋に15を入れて絞る。**j**

17 へたを取った苺を飾り、苺ジャムを刷毛で塗る。**k**

フランスでは、4月1日に子供たちが魚を描いた紙を家の玄関に貼りつけて、その家に幸運が来ることを祈ります。その魚にちなみ、お菓子屋では魚の形のパイやチョコレートが売られます。

Poisson d'avril

Allumette

アリュメットゥ

Allumette aux marrons

アリュメットゥ・オ・マロン

子供の頃の、どんなことがあっても
家に帰れば自分を待っていてくれる人がいる、
という暖かさが、
栗のポックリとした味わいと重なります。

Pâté pantin

パテ・パンタン

肉や香草のゆらめくような香りが、
焼き上がったばかりの湯気とともに、
ナイフを入れた瞬間に立ち昇ります。

Allumettes 59

Allumette aux marrons
アリュメットゥ・オ・マロン

器具
- ボウル（直径12cm）
- ホイッパー（小）
- こし器
- 台
- めん棒
- 刷毛
- 定規
- 木べら
- 平口金
- 絞り袋
- 紙
- プティクトー
- 手付き鍋
- ケーキクーラー

材料（9cm×21cm 1台分）

パートゥ・フイユテ
P 16-18 参照　1/4 パトン使用

塗り卵
卵黄	20 g（約1個分）
牛乳	15 g
グラニュー糖	ひとつまみ
塩	ひとつまみ

クレーム・ダマンドゥ
P 94-95 参照　約100 g使用

ガルニチュール
栗の甘露煮（大）……10〜15個

シロップ
グラニュー糖	23 g
水	18 g

作り方

1 塗り卵を作る。
材料を全部合わせて、小さいホイッパーで混ぜ、こし器で裏ごしする。乾燥しないように、濡れぶきんをかぶせるか、密封容器に入れ、冷蔵庫に入れておく。

2 クレーム・ダマンドゥを作る。

3 パートゥ・フイユテを作り、1/4パトン用意する。

アリュメットゥ②
共通ルセット A

4 成形する。
3をタテ25cm×ヨコ21cmにのばし、一度持ち上げてたるませる。まわりを切り揃えて、タテ14cm×ヨコ20cm、タテ10cm×ヨコ20cmに切り分ける。a

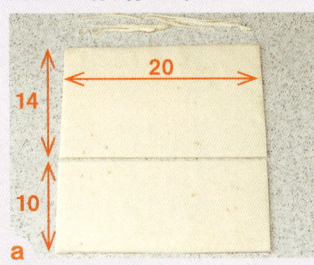

5 タテ10cm×ヨコ20cmの生地の縁2cmに塗り卵をする。b

表面の細かい切れめが、
マッチ棒（アリュメットゥ）を並べたように見えるマロンのお菓子です。

6 2を木べらですりつぶし、絞りやすいやわらかさにする。平口金をつけた絞り袋に入れ、塗り卵をした内側に厚めに絞る。**c**

7 栗の甘露煮を立てて並べる。**d**

8 さらに2を薄めに絞る。**e**

アリュメットゥ② 共通ルセット B

9 タテ14cm×ヨコ20cmの生地を半分に折り（タテ7cm×ヨコ20cm）、輪になる方を下にして、上と左右を2cmあけ、7～8mm間隔で切れめを入れる。**f**

10 8に9をのせ**g**、手前に広げ、縁を強く押して、上下の生地をしっかりつける。

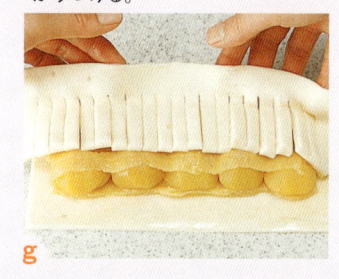

11 プティクトーで縁に3cm間隔でピケをする。

12 11を紙の上におき、縁を指の跡がつくらい押さえながら、生地の合わせめにプティクトーをくい込ませて、細かく刃の跡を1周つける。**h**

13 表面に塗り卵をして**i**、冷蔵庫で1時間休ませる。

14 シロップを作る。
手付き鍋に材料を入れてよく混ぜ、中火にかけて軽く沸騰させ、火を止める。

15 オーブンと天板1枚を予熱する。

電子レンジオーブン	ガス高速オーブン
250℃	210℃

16 13の表面に再度塗り卵をして、オーブンに入れて焼く。

電子レンジオーブン	ガス高速オーブン
230℃／5分	200℃／10分
↓	↓
210℃／15分	天板の奥と手前を入れかえて10分

17 全体がキツネ色になったら出し、刷毛で表面にシロップを塗り、艶を出す。**j**

18 ケーキクーラーの上で冷ます。

Allumette aux marrons 61

Pâté pantin
パテ・パンタン

器具

- ボウル（直径 12cm、18cm）
- ホイッパー（小）
- こし器
- 台
- めん棒
- 刷毛
- 定規
- 紙
- プティクトー

材料（9cm× 21cm 1台分）

パートゥ・フイユテ
P 16-18 参照　1/2 パトン使用

塗り卵
卵黄	20 g（約 1 個分）
牛乳	15 g
グラニュー糖	ひとつまみ
塩	ひとつまみ

ガルニチュール
マッシュルーム	3 個
玉ねぎ	1/4 個
パセリ	14 g
にんにく	6 g
牛挽肉	150 g
全卵	25 g（約 1/2 個分）
塩	3.5 g
胡椒	1 g
ナツメグ	0.5 g
※キャトルエピス	1 g
白ワイン	30 g
刻んだエダムチーズ	10 g

※カイエンヌペッパー、ナツメグ、丁子、シナモンを混ぜた粉末状のスパイス。「キャトルエピス」という名前で市販されています。

パテ・パンタンとは、細かくした野菜や挽いた肉などを、焼き型に入れずに、焼き上げたものを言います。

作り方

1 塗り卵を作る。
材料を全部合わせて、小さいホイッパーで混ぜ、こし器で裏ごしする。乾燥しないように、濡れぶきんをかぶせるか、密閉容器に入れ、冷蔵庫に入れておく。

2 パートゥ・フイユテを作り、1/2パトン用意する。

3 ガルニチュールを作る。
① マッシュルームはタテ半分に切り、厚めにスライスする。玉ねぎ、パセリ、にんにくはみじん切りにする。**a**

② 材料を全部ボウルに入れて、手でよく混ぜる。**b**

③ 棒状にまとめる。**c**

4 アリュメットゥ② 共通ルセット A

（P60参照）

5 3を塗り卵をした内側におく。**d**

6 アリュメットゥ② 共通ルセット B

（P61参照）

7 オーブンと天板1枚を予熱する。

電子レンジオーブン	ガス高速オーブン
270℃	240℃

8 生地の表面に再度塗り卵をして、オーブンに入れて焼く。

電子レンジオーブン	ガス高速オーブン
250℃／10分	230℃／7〜8分
↓	↓
220℃／15分	200℃／6分
	↓
	天板の奥と手前を入れかえて7分

9 全体がキツネ色になったら出す。**e**
＊温かい方がおいしい。

Pâté pantin

Conversation
コンベルサスィオン

頭の中が、カリカリというリズミカルな歯ざわりに共鳴して、ちょっと心浮き立ちます。

Conversation
コンベルサスィオン

器具

- こし器
- 台
- めん棒
- 刷毛
- 定規
- ボウル（直径12cm×2）
- ホイッパー（小）
- 丸抜き型（直径7cm、9cm）
- ブリオッシュ型（直径6.5cm）
  ＊タルトゥレットゥ型でも可
- 木べら
- 丸口金（口径10mm）
- 絞り袋
- プティクトー
- パレットナイフ
- ケーキクーラー

材料（6個分）

パートゥ・フイユテ
P 16-18 参照　1/4 パトン使用

クレーム・ダマンドゥ
P 94-95 参照　約180 g使用

ガルニチュール
杏ジャム　　　　　　　　　　30 g

グラス・ロワイヤル
粉糖　　　　　　　　　　　　50 g
卵白　　　　　　　　　10 g（約1/3個分）
レモン汁　　　　　　　　　　1 g

塗り卵
卵黄　　　　　　　　20 g（約1個分）
牛乳　　　　　　　　　　　　15 g
グラニュー糖　　　　　　ひとつまみ
塩　　　　　　　　　　　ひとつまみ

作り方

1　塗り卵を作る。
材料を全部合わせて、小さいホイッパーで混ぜ、こし器で裏ごしする。乾燥しないように、濡れぶきんをかぶせるか、密閉容器に入れ、冷蔵庫に入れておく。

2　クレーム・ダマンドゥを作る。

3　パートゥ・フイユテを作り、1/4 パトン用意する。

4　成形する。
3 をタテ36cm×ヨコ27cmにのばし、一度持ち上げてたるませる。a

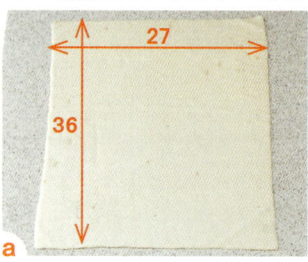

5 直径7cmと9cmの丸抜き型で6個ずつ抜き b、冷蔵庫で1時間休ませる。

6 残った生地から、長さ7cm×幅3mmの紐を24本取り、冷蔵庫で1時間休ませる。c

コンベルサスィオンは「会話」という意味。
表面のグラスが、口の中でカリカリとなり、話をしているような感じになることから。

7 やわらかくしたバター（分量外）をブリオッシュ型に塗る。

8 グラス・ロワイヤルを作る。
① 卵白に粉糖を加え、小さいホイッパーで角の先が少したれるくらいに泡立てる。**d**

② レモン汁を加えて20回混ぜる。乾燥しないように、濡れぶきんをかぶせるか、密閉容器に入れ、冷蔵庫で冷やしておく。

9 オーブンと天板1枚を予熱する。

電子レンジオーブン	ガス高速オーブン
210℃	180℃

10 直径9cmの生地を **7** に敷き込む。はみ出た生地はそのままにしておく。**e**

11 底に杏ジャム5gを入れる。**f**

12 2 を木べらですりつぶし、絞りやすいやわらかさにする。丸口金をつけた絞り袋に入れ、型の8分目まで約30g絞る。**g**

13 12 の生地の縁に塗り卵をして、直径7cmの生地をのせ、上下の生地をしっかりつける。**h**

14 プティクトーを立てて、余分な生地を切り落とす。**i**

15 8 を生地の表面が透けないくらいの厚さに、パレットナイフで塗る。**j**

16 6 を1個に4本、格子状におく。型からはみ出た部分は指で取る。**k**
5分ほどおいて、グラス・ロワイヤルを乾かす。
＊乾かした方が、表面がはっきりときれいに割れて焼き上がる。

17 天板に並べ、オーブンに入れて焼く。

電子レンジオーブン	ガス高速オーブン
190℃／16〜17分	下段で焼く。中段にも天板を入れ、表面に焼き色がつきすぎないようにする。170℃／15分 ↓ 天板の奥と手前を入れかえて 6〜7分

＊表面に焼き色がつきすぎたら、上にオーブンシートなどをかぶせ、これ以上焼き色がつくのを防ぐ。

18 表面が薄いキツネ色、底がキツネ色になったら出す。**l**
ブリオッシュ型をはずして、ケーククーラーの上で冷ます。

Conversation 67

Bouchée aux fruits

Bouchée aux fruits

ブーシェ・オ・フリュイ

新鮮で涼し気に、でも冷たすぎないように。
パリッとした少し鋭い歯ざわりのパイと、
新鮮なフルーツの響きが重なり合うとき、「ほっ」とする瞬間を感じます。

Bouchée aux fruits
ブーシェ・オ・フリュイ

器具
- ボウル（直径 12cm）
- ホイッパー（小）
- こし器
- 台
- めん棒
- 刷毛
- 定規
- 丸抜き型（直径 15cm、18cm）
- 紙
- プティクトー
- 木べら
- 丸口金（口径 7mm）
- 絞り袋
- 霧吹き
- ケーキクーラー

材料（直径 18cm 1台分）

パートゥ・フイユテ
P 16-18 参照　1/2 パトン使用

塗り卵
卵黄	20 g（約 1 個分）
牛乳	15 g
グラニュー糖	ひとつまみ
塩	ひとつまみ

キルシュ風味の
クレーム・パティスィエール
強力粉	4 g
薄力粉	3 g
牛乳	80 g
バニラ棒	1/9 本
卵黄	25 g（約 2 個分）
グラニュー糖	15 g
バター	5 g
キルシュ	5 g

ガルニチュール
好みのフルーツを用意してください。

作り方

ブーシェ② 共通ルセット A

1 塗り卵を作る。
材料を全部合わせて、小さいホイッパーで混ぜ、こし器で裏ごしする。乾燥しないように、濡れぶきんをかぶせるか、密封容器に入れ、冷蔵庫に入れておく。

2 パートゥ・フイユテを作り、1/2 パトン用意する。

3 成形する。
2 からタテ 10cm×ヨコ 12.5cm、タテ 12cm×ヨコ 12.5cm を取る。残りの生地は使わない。**a**

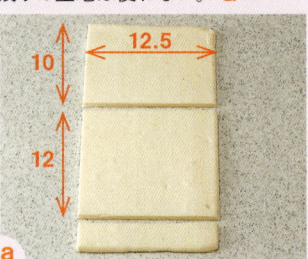

4 タテ 10cm×ヨコ 12.5cm を、20cm 四方にのばし、一度持ち上げてたるませ、細かく十分にピケをする。**b** 冷凍庫に 15 分入れて冷やしかためる。

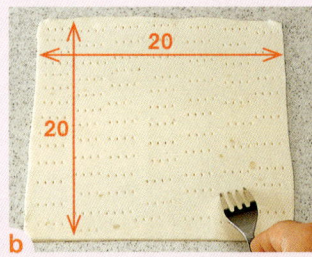

5 タテ 12cm×ヨコ 12.5cm は、20cm 四方にのばし、一度持ち上げてたるませる。冷凍庫に 15 分入れて冷やしかためる。

季節のフルーツを色とりどりに飾り、
その季節のおいしさを感じます。

6 4を紙の上におき、直径18cmの丸抜き型をおいて、プティクトーで切り抜く。**c**
＊生地の位置は動かさないこと。

7 5を紙の上におき、6と同様にする。さらに直径15cmの丸抜き型で同様に切り抜く。**d**
＊生地の位置は動かさないこと。

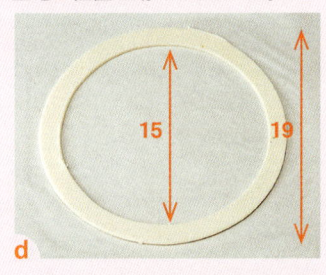

8 6の縁1.5cmに塗り卵をする。**e**

9 7を90度向きをかえて8にのせ、底の平らなもので強く押して、上下の生地をしっかりつける。**f**

10 プティクトーで縁に1cm間隔でピケをし**g**、縁に塗り卵をして、冷蔵庫で1時間休ませる。

11 オーブンを予熱する。

電子レンジオーブン	ガス高速オーブン
290℃	260℃

12 天板1枚に霧吹きをし、10の縁に再度塗り卵をして、オーブンに入れて焼く。

電子レンジオーブン	ガス高速オーブン
270℃／3〜4分	250℃／3〜4分
↓	↓
少しふくらみ、焼き色がついたら、210℃／16〜17分	少しふくらみ、焼き色がついたら、190℃／5分
	↓
	天板の奥と手前を入れかえて12分

13 全体がキツネ色になったら出し**h**、ケーキクーラーの上で冷ます。

14 キルシュ風味のクレーム・パティシィエールを作る。
① P 92-93
〈クレーム・パティシィエール〉
1〜11 参照

② ①約60 gにキルシュを加え、木べらで混ぜる。

15 13が冷めたら、丸口金をつけた絞り袋に14を入れて絞る。**i**

16 好みのフルーツを飾る。

Bouchée aux fruits

Bouchée aux potirons

ブーシェ・オ・ポティロン

寒く淋しい秋への、太陽が残してくれた心の暖炉。
心がポカポカしてくるようなかぼちゃのパイです。

Bouchée aux potirons
ブーシェ・オ・ポティロン

器具

- 竹串
- こし器
- 銅ボウル
- ホイッパー（大、小）
- ボウル（直径12cm、18cm）
- 台
- めん棒
- 刷毛
- 定規
- 星口金
  （口径7mm、切れ数8〜10）
- 絞り袋

材料（直径18cm 1台分）

パートゥ・フイユテ
塗り卵
　　　　　……… 分量はP70と同様

かぼちゃのクレーム

かぼちゃ（皮付き）	260 g
グラニュー糖	60 g
★ 卵黄	30 g（約2個分）
コーンスターチ	2 g
生クリーム（乳脂肪分35〜42%）	20 g
★★ バター	3 g
バニラシュガー	5 g

作り方

1 かぼちゃのクレームを作る。

① かぼちゃは4等分し、スプーンで種を取る。竹串がすっと入るくらいに蒸し、皮をむいて、こし器で裏ごしする。

② 銅ボウルに①とグラニュー糖を入れ、ホイッパーでよく混ぜる。

③ ★を加え、よく混ぜる。

④ 中火にかけてホイッパーでよく混ぜる。

⑤ かぼちゃが銅ボウルから離れる程度に、完全にかたくなったら火を止める。a

⑥ ★★を加え混ぜ、別のボウルに移して冷ます。b

2 ブーシェ② 共通ルセット A（P70-71参照）

3 生地が冷めたら、星口金をつけた絞り袋に 1 を入れて絞る。c

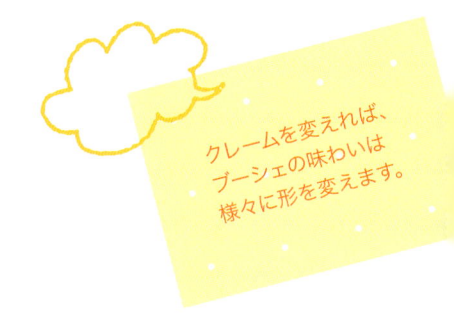

クレームを変えれば、ブーシェの味わいは様々に形を変えます。

Carré alsacien

カレ・アルザスィアン

自然、土、そして人間、すべてが厚くつながり合い、
力を持った心に迫る重厚さがあります。
強さと優しさに溢れたお菓子です。

Carré alsacien

Carré alsacien
カレ・アルザスィアン

器具

- 台
- めん棒
- 刷毛
- 定規
- 波刃包丁
- 手付き鍋
- ボウル（小）
- アルミホイル
- ケーキクーラー
- パレットナイフ

材料（17cm×17cm 1台分）

パートゥ・フイユテ
P 16-18 参照　1/2 パトン使用

粉糖 ……………………………… 適量

スライスアーモンド …………… 35 g

ヌガー
★
- グラニュー糖 ……………… 25 g
- バター ……………………… 25 g
- 蜂蜜 ………………………… 5 g
- 水飴 ………………………… 5 g

サワークリーム …………………… 15 g

ガルニチュール
フランボワーズジャム …………… 75 g

> もともとは、アルザス地方で取れたフランボワーズを使った、四角いお菓子です。

作り方

1 パートゥ・フイユテを作り、1/4 パトンを2枚用意する。

2 成形する。
2枚とも23cm四方にのばし、一度持ち上げてたるませ、細かく十分にピケをする。

3 まわりを切り揃えて、21cm四方にして a、冷蔵庫で1時間休ませる。

4 オーブンと天板2枚を予熱する。

電子レンジオーブン	ガス高速オーブン
270℃	240℃

5 3を冷蔵庫から1枚出して、すぐに天板にのせ、オーブンに入れて焼く。

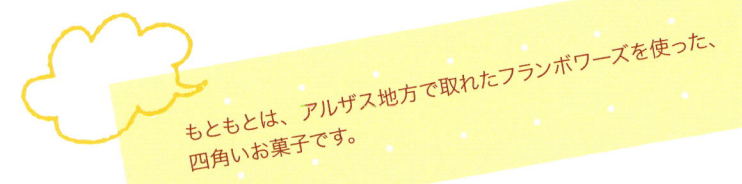

電子レンジオーブン	ガス高速オーブン
250℃／3〜4分	230℃／3〜4分
↓	↓
熱した天板をのせる。	熱した天板をのせる。
210℃／9分	190℃／5分
↓	↓
生地を裏返して、粉糖をふる。	天板の奥と手前を入れかえて
270℃／2分	4分
	↓
	生地を裏返して、粉糖をふる。
	250℃／2分

6 粉糖が溶けて、全体が濃いめのキツネ色になったら出し **b**、ケーキクーラーの上で冷ます。あと1枚も同様に焼く。

7 6が冷めたら、まわりを切り揃えて、17cm四方にする。

8 スライスアーモンドをオーブン（180℃）で焼き、薄いキツネ色にする。**c**

9 ヌガーを作る。
① 手付き鍋に★を入れ、中火にかけて沸騰させる。少し弱火にして、2分くらい沸騰させながらスプーンで混ぜ、煮詰める。**d**
＊焼くときに生地から流れ出ないよう、しっかり煮詰める。

② 火を止めて、サワークリームを加え、よく混ぜる。

10 8に9を加え、よく混ぜる。**e**

11 10をすぐ1枚の生地にのせて、フォークで一面にのばす。**f**

12 ヌガーが流れ出ないように、まわりをアルミホイルで囲み **g**、オーブンに入れて焼く。

電子レンジオーブン	ガス高速オーブン
180℃／13分	170℃／6分 ↓ 天板の奥と手前を入れかえて 6〜7分

13 全体が濃いめのキツネ色になったら出し **h**、ケーキクーラーの上で少し冷ます。

14 ヌガーがつかなくなったら、まだやわらかいうちに包丁で8等分に押して切る。**i**

15 もう1枚の生地に、パレットナイフで全面にフランボワーズジャムを塗る。**j**

16 15に14をのせる。**k**

17 切れめに合わせて切り分ける。**l**

Carré alsacien

Cornet

コルネ

心がパイの歯ざわりとともに、パリンとどこかへ飛んで行きそうな、
そんな明るく真っすぐなおいしさです。
パイの少し赤みをおびた焼き色に、生クリームの白さがとても凛としています。

Galette des Rois

ギャレットゥ・デ・ルワ

家族の暖かいつながりと、
豊かで懐かしい味わいに満ち溢れたパイです。
本当に心を幸せにしてくれます。

Cornet
コルネ

器具

- 台
- めん棒
- 刷毛
- 定規
- プティクトー
- 金筒（直径 2.5cm、長さ10cm）
- 霧吹き
- ボウル（直径 18cm、21cm）
- ハンドミキサー
- 星口金（口径 10mm、切れ数 8 ～ 10）
- 絞り袋
- ケーキクーラー
- 茶こし

材料（11～12本分）

パートゥ・フイユテ
P 16-18 参照　1/2 パトン使用

水 ……………………………………… 適量

グラニュー糖 ………………………… 適量

クレーム
生クリーム（乳脂肪分 35 ～ 42%）
　　　　　　　　　　　　　　　300 g
★ ｛ グラニュー糖　　　　　　　　　60 g
　　 バニラシュガー　　　　　　　　 5 g

粉糖 …………………………………… 適量

コルネは「角笛」。
角笛に似た、先のとがった形や筒状のお菓子もこう呼ばれます。

作り方

1. パートゥ・フイユテを作り、1/2パトン用意する。

2. **成形する。**
   1を30cm四方にのばし、一度持ち上げてたるませ、幅2.5cmに切る。a

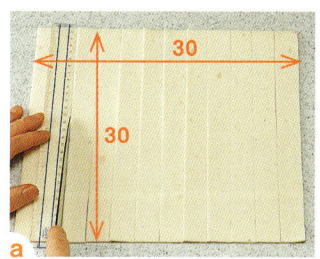

3. 全体に刷毛で水を塗る。

4. 生地を金筒に巻きつける。角を指でしっかり押さえ、少し引っ張りながら1周巻く。b

5. 生地を半分重ねて、金筒を回しながら長さ7.5cmになるように巻く。c

6. 巻き終わりの部分は、少し引っ張りながら1周巻いて止める（ここが下側になる）。d 冷蔵庫で1時間休ませる。

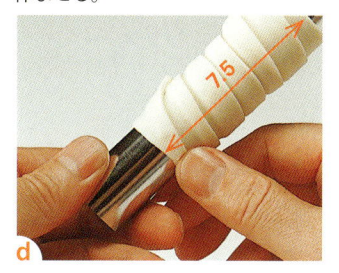

7. オーブンと天板2枚を予熱する。

電子レンジオーブン	ガス高速オーブン
290℃	260℃

8. 6の表面に軽く霧吹きをする。

9. 表面にグラニュー糖を、押してたっぷりつける。e

10. 巻き終わりがある方を天板に強く押しつけて f、オーブンに入れて焼く。

電子レンジオーブン	ガス高速オーブン
270℃／3分	250℃／2～3分
↓	↓
少しふくらみ、焼き色がついたら、200℃／15～16分	少しふくらみ、焼き色がついたら、190℃／5分
	↓
	天板の上段と下段、奥と手前を入れかえて10～11分

11. グラニュー糖が溶けて、全体がキツネ色になったら出す。g 金筒を抜いて、ケーキクーラーの上で冷ます。

12. 絞り袋に星口金をつけて、冷蔵庫で冷やしておく。

13. **クレームを作る。**
    ① 生クリームをボウルごと氷水にあて、ハンドミキサー（ビーター2本、速度3番）で角がピンと立つくらいに泡立てる。
    ② ★を加え、よく混ぜて h、冷蔵庫で冷やしておく。

14. 11が冷めたら、12に13を入れて、中までしっかりと絞る。i

15. 表面に粉糖をふる。

＊時間がたつと湿気てしまうので、でき上がったらなるべく早く食べること。

Cornet

Galette des Rois
ギャレットゥ・デ・ルワ

器具

- ボウル（直径 12cm）
- ホイッパー（小）
- こし器
- 台
- めん棒
- 刷毛
- 定規
- 厚紙
- プティクトー
- 木べら
- 丸口金（直径 10mm）
- 絞り袋
- 紙
- ケーキクーラー

材料（直径 17cm 1 台分）

パートゥ・フイユテ
P 16-18 参照　1/4 パトン使用

塗り卵
卵黄	20 g（約 1 個分）
牛乳	15 g
グラニュー糖	ひとつまみ
塩	ひとつまみ

クレーム・ダマンドゥ
P 94-95 参照　約 60 g 使用

作り方

1 塗り卵を作る。
材料を全部合わせて、小さいホイッパーで混ぜ、こし器で裏ごしする。乾燥しないように、濡れぶきんをかぶせるか、密封容器に入れ、冷蔵庫に入れておく。

2 クレーム・ダマンドゥを作る。

3 パートゥ・フイユテを作り、1/4 パトン用意する。

4 厚紙で直径 17cm の円を作る。**a**

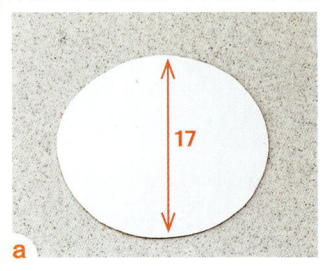

5 成形する。
3 をタテ 37cm ×ヨコ 20cm にのばし、一度持ち上げてたるませる。

6 **4** をあて、プティクトーで 2 枚切り抜き **b**、余分な生地を取り除く。
＊生地の位置は動かさないこと。

7 手前の生地の縁 3cm に塗り卵をする。**c**

8 2を木べらですりつぶし、絞りやすいやわらかさにする。丸口金をつけた絞り袋に入れ、塗り卵をした内側に薄めに絞る。**d**

9 奥の生地を90度向きをかえて8にのせ、塗り卵をした部分を強く押して、上下の生地をしっかりつける。**e**

10 9を紙の上におき、プティクトーで縁に2cm間隔でピケをする。**f**

11 縁を指の跡がつくくらい押さえながら、生地の合わせめにプティクトーをくい込ませて、細かく刃の跡を一周つける。**g**

12 11を裏返して塗り卵をして**h**、冷蔵庫で1時間休ませる。
＊裏返した方が、生地が平らで模様がつけやすい。

13 オーブンと天板1枚を予熱する。

電子レンジオーブン	ガス高速オーブン
270℃	240℃

14 12の表面に再度塗り卵をして、フォークで格子模様をつける。けずって塗り卵が落ちた部分が模様になる。**i**

15 蒸気を抜くために、プティクトーで表面に4〜5ヶ所ピケをして**j**、オーブンに入れて焼く。

電子レンジオーブン	ガス高速オーブン
250℃／3〜4分	230℃／3〜4分
↓	↓
少しふくらみ、焼き色がついたら、210℃／15〜16分	少しふくらみ、焼き色がついたら、190℃／5〜6分
	↓
	天板の奥と手前を入れかえて5〜6分

16 全体がキツネ色になったら出し**k**、ケーキクーラーの上で冷ます。

丸くて、平たい形をしたお菓子のことをギャレットゥと言います。
1月6日のキリスト教の公現祭の日は、ギャレットゥ・デ・ルワの上に紙で作られた王冠をのせてお祝いします。
パイの中には※フェーブをひとつ入れ、それが入っている人は、王冠をかぶって一日王様になります。
※もともとはそら豆だったのですが、現在は陶器でできたお守り（人形など）を入れています。

Galette des Rois

Galette
ギャレットゥ

Galette au fromage
フレッシュチーズのギャレットゥ

サクサクのパイ生地に、爽やかな味わいのクレームをはさみました。
楽しくてリズミカルで可愛いパイです。

Galette au chocolat
チョコレートのギャレットゥ

ザクッザック、軽やかな歯ざわりにのって、
珍しくちょっと静かなチョコレートが口に溢れます。

Galette 85

Galette
ギャレットゥ

Galette au fromage
フレッシュチーズのギャレットゥ

Galette au chocolat
チョコレートのギャレットゥ

器具

- こし器
- 台
- めん棒
- 刷毛
- 定規
- 菊抜き型（直径10cm）
- 紙
- プティクトー
- 霧吹き
- ケーキクーラー
- ボウル（直径12cm、18cm、21cm）
- ハンドミキサー
- ホイッパー（大、小）
- 丸口金（口径10mm）
- 絞り袋
- 波刃包丁
- 手付き鍋
- 100℃計
- 卓上コンロ

爽やかなチーズと
コクのあるチョコレートの
味わいが楽しめます。

材料（6個分）

パートゥ・フイユテ
P 16-18 参照　1/2 パトン使用

塗り卵
卵黄	20 g（約1個分）
牛乳	15 g
グラニュー糖	ひとつまみ
塩	ひとつまみ

シロップ
グラニュー糖	23 g
水	18 g

Ⓐ Galette au fromage
フレッシュチーズのクレーム

生クリーム（乳脂肪分35～42%）	125 g
※フロマージュブラン	135 g
★ グラニュー糖	45 g
バニラシュガー	5 g

※フランス産がおすすめです。

Ⓑ Galette au chocolat
チョコレートのクレーム

生クリーム（乳脂肪分35～42%）	225 g
グラニュー糖	20 g
チョコレート（クーベルチュール・アメール・オール）	45 g

作り方

1 塗り卵を作る。
材料を全部合わせて、小さいホイッパーで混ぜ、こし器で裏ごしする。乾燥しないように、濡れぶきんをかぶせるか、密閉容器に入れ、冷蔵庫に入れておく。

2 パートゥ・フイユテを作り、1/2パトン用意する。

3 成形する。
2 をタテ43cm×ヨコ33cmにのばし、一度持ち上げてたるませ、手前半分に細かく十分にピケをする。a

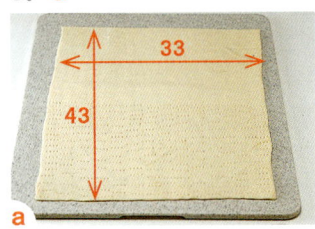

4 菊抜き型で手前6枚、奥6枚抜き b、余分な生地を取り除く。
＊生地の位置は動かさないこと。

5 手前の生地6枚に、全体に薄く塗り卵をする。c

6 奥の生地6枚を、90度向きをかえて5にのせ、底の平らなもので上から強く押して、上下の生地をしっかりつける。d

7 6を紙に並べ、プティクトーで縁に1cm間隔でピケをする。e

8 表面に塗り卵をしてf、冷蔵庫で1時間休ませる。

9 シロップを作る。
手付き鍋に材料を入れてよく混ぜ、中火にかけて軽く沸騰させ、火を止める。

10 オーブンを予熱する。

電子レンジオーブン	ガス高速オーブン
270℃	240℃

11 天板2枚に霧吹きをし、8の表面に再度塗り卵をして、オーブンに入れて焼く。

電子レンジオーブン	ガス高速オーブン
250℃／5分	230℃／4分
↓	↓
210℃／10分	190℃／6〜7分
	天板の上段と下段、奥と手前を入れかえて6〜7分

12 全体がキツネ色になったら出し、刷毛で表面にシロップを塗り、艶を出す。g ケーキクーラーの上で冷ます。

13 絞り袋に丸口金をつけて、冷蔵庫で冷やしておく。

14 - Ⓐ フレッシュチーズのクレームを作る。

① 生クリームをボウルごと氷水にあて、ハンドミキサー（ビーター1本、速度3番）で角が軽く立つくらいに泡立てる。h

② ★を加え、ホイッパーで混ぜる。

③ フロマージュブランに②を加え、よく混ぜて、冷蔵庫で冷やしておく。i

14 - Ⓑ チョコレートのクレームを作る。

① 生クリームをボウルごと氷水にあて、ハンドミキサー（ビーター1本、速度3番）で角が軽く立つくらいに泡立てる。

② グラニュー糖を加え、ホイッパーで混ぜて、冷蔵庫で10℃になるように調整しておく。

③ チョコレートを刻んでボウルに入れ、40〜50℃の湯煎で溶かす。完全に溶けたら、湯煎の温度を上げてチョコレートを80℃にする。j

④ ②にチョコレートを加えながら手早く混ぜてk、冷蔵庫で冷やしておく。

15 12が冷めたら、半分の高さのところで上下に切る。l

16 13に14を入れて、下の生地にたっぷり絞りm、上の生地をのせる。

＊時間がたつと湿気てしまうので、でき上がったらなるべく早く食べること。

Galette 87

Tarte Tatin

タルトゥ・タタン

コトコトと煮詰められたりんごは、
暖炉の光を映すように暖かくたたずんでいます。
厳しい寒さなど忘れてしまいそうです。

Tarte Tatin 89

Tarte Tatin
タルトゥ・タタン

器具

- ボウル（直径12cm）
- ホイッパー（小）
- こし器
- 手付き鍋（直径21cm）
- 網
- 台
- めん棒
- 刷毛
- 定規
- タルトゥリング（直径16cm）
- 紙
- ※重石
- ケーキクーラー

※製菓用重石
アルミかセラミック製の小さな石。
あずきでも代用できます。

材料（直径16cmのタルトゥリング　1台分）

りんごのコンポットゥ

りんご（※富士）	中3個
水	25 g
グラニュー糖	90 g
バター	15 g
バニラ棒	1本
サワークリーム	15 g
★ グラニュー糖	30 g
レモン汁	10 g
シナモン	適量

※煮崩れしにくいので富士を使います。

パートゥ・フイユテ
P 16-18 参照　1/4 パトン使用

塗り卵

卵黄	20 g（約1個分）
牛乳	15 g
グラニュー糖	ひとつまみ
塩	ひとつまみ

下準備

りんごのコンポットゥを作る。

① りんごは皮をむいて芯を取り、4等分する。

② 手付き鍋に水、グラニュー糖を入れ、中火にかけて薄めの茶色になったら、すぐに鍋底を水につけて粗熱を取る。

③ バター、半分に裂いたバニラ棒、サワークリームを加える。

④ ①を加えフタをして、弱火で30分煮る。A 30分たったらフタをはずす。

⑤ 1時間後、りんごを裏返す。★を加え、水分がほとんどなくなるまで、さらに1時間くらい煮る。B

⑥ 火を止めて、崩れないように網の上に移して冷ます。C

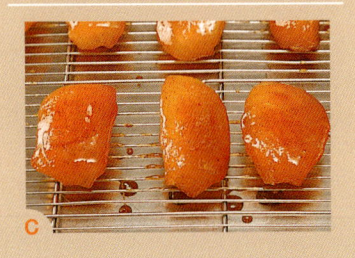

作り方

20世紀初頭、フランスのソローニャ地方で、ホテル・レストランを経営していたタタン姉妹によって作られたというお菓子です。

1 塗り卵を作る。
材料を全部合わせて、小さいホイッパーで混ぜ、こし器で裏ごしする。乾燥しないように、濡れぶきんをかぶせるか、密封容器に入れ、冷蔵庫に入れておく。

2 やわらかくしたバター（分量外）を、タルトゥリングの内側にたっぷり塗る。

3 直径20cmの紙を用意し、外周に2cmの切り込みを入れる。タルトゥリングの内側にぴったりと合うようにする。**a**

4 パートゥ・フイユテを作り、1/4パトン用意する。

5 成形する。
4を22cm四方にのばし、一度持ち上げてたるませ、細かく十分にピケをする。

6 5を2つに折って、紙の上においたタルトゥリングにのせ**b**、広げる。

7 中にたるませるようにおく。**c**

8 タルトゥリングの底に沿って、しっかりと折り込み、角を作る。**d**

9 生地を立たせ、親指で下に送り込むようにして、側面にしっかりつける。**e**

10 生地を外側に広げ、めん棒を転がして生地を切る。**f**

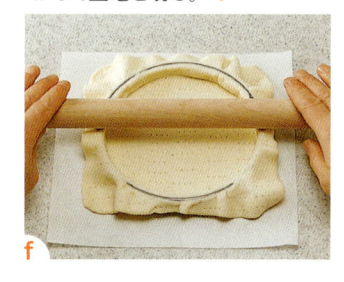

11 もう一度、生地を側面にしっかりとつけて、冷蔵庫で1時間休ませる。

12 オーブン、天板1枚、重石を予熱する。

電子レンジオーブン	ガス高速オーブン
250℃	220℃

13 天板に11をのせ、3を敷き、熱した重石を均一において、オーブンに入れて焼く。

電子レンジオーブン	ガス高速オーブン
230℃／20分	210℃／5分 ↓ 天板の奥と手前を入れかえて 10分

14 内側も薄いキツネ色になったら、紙と重石を取り、内側に塗り卵をする。**g**

15 再度、1～2分オーブンに入れ、乾燥させて出す。タルトゥリングをはずして、ケーキクーラーの上で冷ます。

16 15が冷めたら、りんごのコンポットをのせる。**h**

基本のクレーム
クレーム・パティスィエール

材料はミルフイユ（P34-35）1台分／650 gです。
P13の〔技術〕を参照しながら作ってください。
このクレームは保存ができないので、
作るお菓子によって必要な量を用意してください。

器 具

- ふるい
- 銅ボウル
- 卓上コンロ
- ボウル（直径18cm、21cm、24cm）
- ホイッパー
- プティクトー
- ゴムべら
- お玉
- 木べら
- 100℃計

材 料

強力粉	20 g
薄力粉	16 g
牛乳	400 g
バニラ棒	1/2 本
卵黄	120 g（約6個分）
グラニュー糖	80 g
バター	20 g

Crème pâtissière

作り方

1
強力粉と薄力粉は一緒にふるっておく。

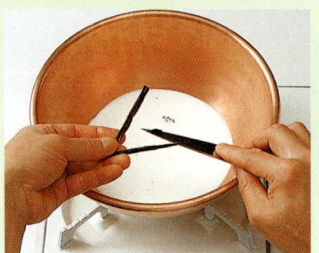

2
銅ボウルに牛乳を入れ、弱火にかける。バニラ棒は半分に裂いて、種をこそげ出して入れ、さやごと加える。

3
ボウル（直径18cm）に卵黄、グラニュー糖を入れ、ホイッパーを使い、〈直線反復〉で白っぽくなるまでよく混ぜる。

4
1を加え、〈円〉でゆっくり混ぜる。粉のかたまりがなくなったら止める。
ポイント☞強く混ぜると粘りが出て、口溶けが悪くなるので、決して強く混ぜないこと。

5
2が軽く沸騰したら火を止めて、バニラ棒を取り出し、4に1/2量を少しずつ加え、〈円〉でゆっくり混ぜる。

6
2を再度火にかけ、軽く沸騰させて火を止める。軽く混ぜながら5を少しずつ加え、〈円〉でゆっくりよく混ぜる。

7
中火～強火にして〈円〉でゆっくり混ぜる。クレームがかたまり始めたら、少し速く混ぜる。
ポイント☞強く混ぜると粘りが出て、口溶けが悪くなるので、決して強く混ぜないこと。

8
沸騰したら、さらに30秒くらい混ぜる。急にやわらかくなるところがあるので、そこで火を止める。

9
バターをちぎって加え、〈円〉でゆっくり30回混ぜる。

10
炊き上がり

11
ボウル（直径21cm）に移し、氷水にあて、木べらでとにかくゆっくり混ぜて20℃まで冷ます。ラップをして15℃ほどのところにおく。
ポイント☞でき上がったクレームはその日のうちに使うこと。

基本のクレーム
クレーム・ダマンドゥ

材料は、コンベルサスィオン（P66-67）6個分／180gです。
P13の〔技術〕を参照しながら作ってください。
このクレームは分量が少ないと作りにくいので、
作るお菓子によって、
でき上がりの量から必要な分だけ用意してください。

器具

- ボウル（直径15cm、21cm）
- ゴムべら
- ホイッパー

材料

バター	50 g
粉糖	40 g
全卵	25 g（約1/2個分）
卵黄	5 g（約1/4個分）
★ サワークリーム	5 g
★ スキムミルク	2 g
★ バニラエッセンス	15滴
アーモンドパウダー	60 g

Crème d'amandes

作り方

1 ボウル（直径15cm）にバターを入れ、室温（20℃〜25℃）で指がすっと入るやわらかさにする。

2 粉糖を5回に分けて加える。加えるごとにホイッパーを使い、〈円〉でゆっくり50回混ぜる。10秒間で12〜13回の速さで混ぜる。
ポイント☞混ぜすぎると味わいがなくなるので、速く混ぜないこと。また、決してハンドミキサーは使わないこと。

3 全卵と卵黄を〈直線反復〉でほぐし、2に5回に分けて加える。加えるごとに〈円〉で50回混ぜる。途中でボウルの内側をゴムべらできれいにする。

4

最後の方になると分離することもあるが、きれいに混ぜ込む必要はない。

5

卵を入れ終わったら★を加え、50回くらい混ぜる。スキムミルクは溶けなくてもかまわない。

6

ボウル（直径21cm）に移し、アーモンドパウダーの1/2量を加え、〈円〉で30回混ぜる。残りを加え、同様に30回混ぜる。途中でボウルの内側をゴムべらできれいにする。冷蔵庫で冷やしておく。

7

でき上がり
ポイント☞冷蔵庫で一晩休ませると、味わいがより豊かになる。冷蔵庫で1週間保存可能。使用するごとに必要量を取り出して、木べらですりつぶし、絞りやすいやわらかさにして使う。

おすすめ材料一覧

材料は生産者によって、香りや味にかなりの違いがあります。よい材料さえ見つかれば技術面もカバーされるので、徐々に揃えていくとよいでしょう。
ここでは、本書で使用し、弊社輸入販売部、直営店エピスリーで購入できる材料をご紹介します。
（詳しいお問い合わせ・ご注文先は P102-103 をご覧下さい）

酒類

酒造元：ルゴル社（フランス アルザス地方）
ヴィレ渓谷にある蒸留専門業者。
豊富なフルーツの原料を厳選し自家製造。

Ⓐ ダークラム
RHUM

砂糖きびの糖分を醗酵させ、蒸留し、樽で熟成させたもの。豊かで膨らみのある樽の香りは、お菓子に力強さを与える十分な長さを持っています。

Ⓑ キルシュ
KIRSCH

さくらんぼの糖分を醗酵させ、2度蒸留し熟成させたもの。信じられないほどの明るく楽しい香りには、リズム感があります。

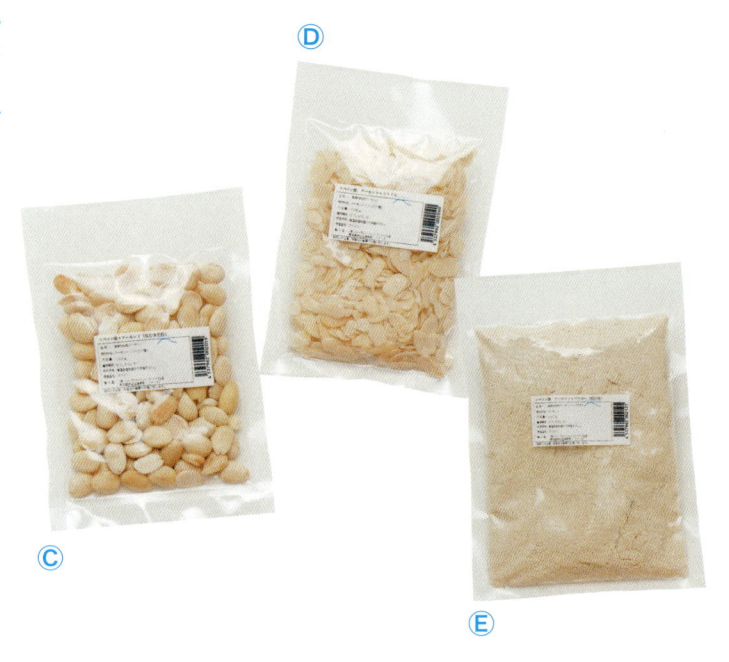

ナッツ類

製造元：ユニオ社（スペイン カタルーニャ地方）

Ⓒ マルコナアーモンド　皮むき
MARCONAS BLANCHED ALMOND

皮むきの状態。油脂分をかなり多く含み、味わい、香りが非常に豊かで、お菓子にしたときの新鮮な味わいが長続きします。マルコナ種は形状が丸粒なのが特徴です。

Ⓓ マルコナアーモンド　スライス
MARCONAS ALMOND SLICED

マルコナアーモンド皮むきをスライスしたもの。

Ⓔ マルコナアーモンド　パウダー（粗挽き）
MARCONAS ALMOND POWDER

粉末の状態。酸化による味わいの損失を防ぐため、国内で独自に挽いています。挽き方は粗めの方が、他の素材と混ざり過ぎず、味わいも香りも素晴らしく仕上がります。

製造元：セルノ社（フランス アキテーヌ地方）

Ⓕ フランス産クルミ
SHELLED WALNATS

砕いた状態のもの。アメリカ産や中国産のものによく感じられる酸化したような香りは一切ありません。肉厚で渋皮は薄く、他とは比較にならないほど、お菓子の味わいが深くなります。

その他

製造元：ペック社
（フランス イル・ド・フランス地方）

最高の素材を厳選して、豊かな香りと味わいを提供する優れた製造業者。

Ⓙ クーベルチュール・アメール・オール
COUVERTURE AMER OR

カカオ分66％。豊かで上品な味わい、香りは正にオール（金）の趣があります。

製造元：オージェ社
（フランス プロヴァンス地方）

Ⓚ 天然はちみつ
MIEL NATURE

フランス・プロヴァンスやスペインのはちみつから作られています。ミネラル豊かな土地で栽培された花から取られたものであり、オレンジならオレンジ、レモンならレモンのはっきり分かる個性をもった本当に豊かな味わいのものばかりです。

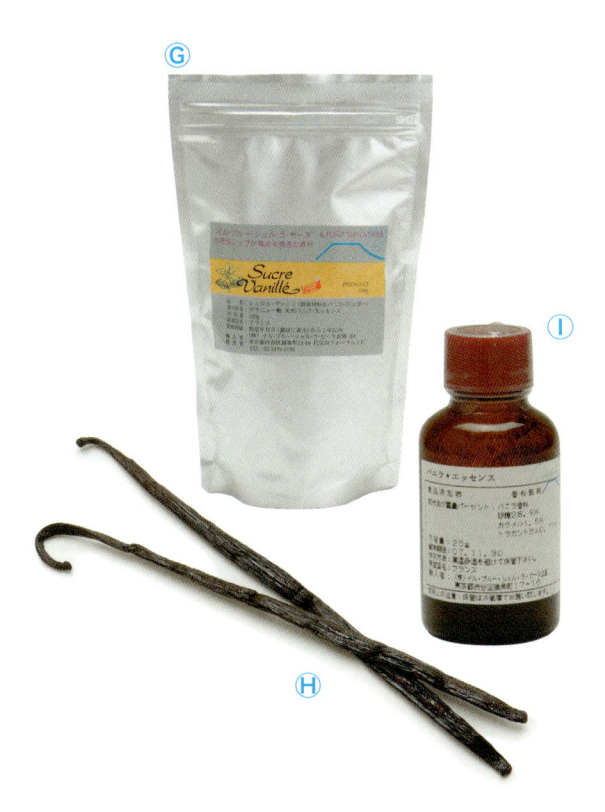

エッセンス、香料

製造元：セバロム社
（フランス ローヌ・アルプ地方）

Ⓖ バニラ・シュガー
SUCRE VANILLÉ

グラニュー糖にバニラエッセンスを混ぜたもの。少量のお菓子を作る時に簡単に香りを拡散させることができ、焼き菓子や果物にひとつまみ振りかけるだけで、ぐっとおいしさが増します。

Ⓗ バニラ・ビーンズ
GOUSSES DE VANILLE

マダガスカル産の豊かな途切れのない素晴らしい香りは、お菓子には最適です。単にバニラの香りをつけるだけではなく、お菓子全体の味わいを高めるために使います。

Ⓘ バニラ・エッセンス
AROME VANILLE NATURAL

バニラ・ビーンズから抽出した一番搾り。途切れのない、深く力強い香りは素晴らしいものがあります。様々なお菓子やクリームに数滴加えるだけで、おいしさが膨らみます。

IL PLEUT SUR LA SEINE
イル・プルー・シュル・ラ・セーヌ

イル・プルー・シュル・ラ・セーヌは、フランス菓子を
「作る」「教える」「伝える」「素材の開拓」の
"4つの柱"で支えあいながら、
皆様に4つのサービスと情報を発信しています。

La maison d'édition
イル・プルー・シュル・ラ・セーヌ企画の本

初・中級者向けお菓子のレシピ本のご紹介

代官山『イル・プルー・シュル・ラ・セーヌ』が創る
新シフォンケーキ　心躍るおいしさ
- 人気講習会から選りすぐった 22 のレシピ -

メレンゲをほぼ混ぜ終わったあとに粉を加え、オリジナル器具エキュモワールで混ぜる新食感のシフォンケーキレシピ。プレーンのシフォンをベースに、フルーツ、和風、香り、さらには塩味まで豊かなバリエーションが楽しめます。

弓田亨／深堀紀子　共著
ISBN978-4-901490-15-3　A4変形判　96頁　定価：本体2,500円

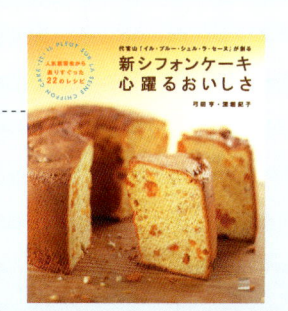

嘘と迷信のないフランス菓子教室
一人で学べる
イル・プルーのパウンドケーキ　おいしさ変幻自在

代官山のパティスリー『イル・プルー・シュル・ラ・セーヌ』の歴史を彩ってきた、数々のパウンドケーキのレシピがぎっしり詰まっています。杏、いちじく、りんごとキャラメル…、パティスリーに負けないおいしさを自分の手で作ってみませんか？

弓田亨／椎名眞知子　共著
ISBN978-4-901490-20-7　AB判　120頁　定価：本体2,500円

イル・プルーのはじめてみよう１・２・３
一年中いつでもおいしい　いろんな冷たいデザート

アイスクリーム、シャーベット、パフェにプリン。ちょっと素材にこだわって、いつもより少しだけ丁寧に作れば、出来合いのものでは味わえない、出来たてのおいしさの感動があります。通常のイル・プルーのレシピよりも「おうちで手軽に作れるように」と考えられたレシピで初心者の方もさらなるおいしさに出会いたい方にもお勧めです。

椎名眞知子／深堀紀子　共著
ISBN978-4-901490-21-4　A4変形判　120頁　定価：本体1,800円

その他、プロ向けフランス菓子、フランス料理、健康のための家庭料理の本なども取り揃えております。
紀伊國屋書店、丸善、ジュンク堂書店他、全国有名書店にてお買い求めいただけます。
詳しくはインターネット、もしくは出版部にお問合せください。

（お菓子屋さんが出版社）イル・プルー・シュル・ラ・セーヌ企画　出版部
〒150-0021　東京都渋谷区恵比寿西 1-16-8　彰和ビル 2F
TEL.03-3476-5214　FAX.03-3476-3772　http://www.ilpleut.co.jp
インターネット通信販売「楽天市場」でも取り扱い中　http://www.rakuten.co.jp/ilpleut/

紀伊國屋書店他 全国有名書店にて 好評発売中！

IL PLEUT SUR LA SEINE

感動と喜びのフランス菓子を伝え続けてきた

La Pâtisserie IL PLEUT SUR LA SEINE
パティスリー　イル・プルー・シュル・ラ・セーヌ

私どもの心からの自慢は、食べる人に感動と喜びを与えて、大のお菓子嫌いの男性をもとりこにする、孤高のおいしさです。

本当のフランス菓子を届けたくて

代官山「パティスリー　イル・プルー・シュル・ラ・セーヌ」は、フランスとは環境も材料の質も異なる日本で、オーナーパティシエ弓田亨自らが選び抜いたこだわりの材料を使い、独自の技術体系により美味孤高の思いのもとに、日本のどこにもないフランスの味を目指してきました。
季節ごとに顔ぶれのかわる、素材の組み合わせが楽しいオリジナルの生菓子から、大切な方への贈り物やブライダルギフトにも最適な焼き菓子など、バラエティ豊かな品揃えです。

Salon de thé
サロン・ド・テ

イートインスペースでは、店内でしか食べられない限定のお菓子、ブランマンジェやソルベなど自慢のデザートの他、トレトゥール（お惣菜）ランチがあります。代官山旧山手通りの隠れ家的なロケーションの中で、ここだけの味をご堪能いただけます。
（写真：トゥランシュ・シャンプノワーズ）

焼き菓子もすべて奥の厨房で手作り

黒糖とくるみのクッキー「ギャレットゥ・ノワ」（写真）や、開店当初からの人気商品「五彩のダックワーズ」、雑誌でも話題の「塩味のクッキー」など、贈られた人に幸せを約束するギフトを取り揃えております。

フランス菓子製造販売　パティスリー　イル・プルー・シュル・ラ・セーヌ

〒150-0033　東京都渋谷区猿楽町 17-16　代官山フォーラム 2F
TEL.03-3476-5211　FAX.03-3476-5212
営業時間 11:30 ～ 19:30　定休日　火曜（祝日の場合は翌日振替）
焼き菓子やギフトのご注文はインターネットでも受付中　http://www.ilpleut.co.jp/

プロさえも不可能な味わいを伝えてきました

イル・プルー・シュル・ラ・セーヌ

嘘と迷信のないフランス菓子・料理教室
〔1988年より開講〕

私たちは家庭やレストランなどの少量のお菓子作りに
常に真実の技術と味わいを求め続けてきました。

この教室の特徴は、18年余（2006年現在）にわたる生徒さんたちとの実践の中で、教える技術が築かれてきたことです。私たちの技術は、上手な、あるいは器用な人たちのためのものではありません。初心者やとても不器用な方々を基準として積み上げられてきた技術です。ですから、ちょっとの意欲があれば確実に短期間で驚くほどのおいしいお菓子が作れるようになります。そして半年もすれば、多くの方が、もう自分がつくるお菓子とイル・プルー・シュル・ラ・セーヌ以外のお菓子を食べられなくなってしまいます。教室に入る前までは、あれほどおいしいと思っていた他のお菓子が食べられなくなります。イル・プルー・シュル・ラ・セーヌは、嘘や偽りのない、そんな教室です。

弓田亨　椎名眞知子

フランス菓子本科第1クール
全40回 112品目
◆
1回の授業で2〜3台のアントルメを丸ごとお一人で作っていただきます。ご自分で工程のすべてを体感していただきます。第1クール修了者は上級コースでさらに技術を磨くことができます。

楽しく洋菓子科（旧：入門速成科）
全20回 27品目
◆
まったくの初心者の方でも簡単にショートケーキやモンブランが作れるように指導します。本科同様作ったお菓子はお持ち帰りいただけます。

フランス料理
全20回
◆
フランスと日本の素材の違いをふまえながら、フランス料理の基本となる調理方法やソースの作り方を丁寧に指導。手間を惜しまない本格的なフランス料理が学べます。

この他、短期講習会や1日体験入学、無料見学なども随時受け付けております。

イル・プルー・シュル・ラ・セーヌ　嘘と迷信のないフランス菓子・料理教室

〒150-0033　東京都渋谷区猿楽町17-16　代官山フォーラム2F
TEL.03-3476-5196　FAX.03-3476-5197
http://www.ilpleut.co.jp/

菓子職人の目で選んだこだわりの素材を世界から

Le commerce extérieur
製菓材料輸入販売

オーナーパティシエ　弓田亨自らが毎年フランス、スペインなどを回り、
味に誠実なメーカーとの家庭的な付き合いを通じて選んだこだわりの素材を輸入販売。
本物のもつしっかりとした香りと味は、お菓子の味を一段と引きたてます。

ヨーロッパから直輸入している製菓材料一例
1. フランス産ハチミツ　2. ドライアプリコット　3. クーベルチュール・スーパー・ゲアキル　4. リキュール類　5. アーモンド

お菓子作りに関わるエキスパートとして

イル・プルーの製菓技術と知識をもった営業スタッフが、日本全国どこへでも伺います。新しいお菓子の開発や提案、スタッフの育成など、「もっとおいしいお菓子を作りたい」皆様のご要望にお応えします。

私どもがまったく無の状態からヨーロッパの秀逸な素材を捜し始めたのが、1994年のことです。多くのお菓子屋さんのご支持のおかげで、取扱商品もかなり豊富になりました。私どもが集めてまいりました素材の多くは、私のお菓子づくり人生のすべての経験と知識、そして執念をもって現地に足を運び捜したものであり、その味わいの豊かさは、正に抜きんでたものであると自負しております。とりわけ、スペイン、フランスのものが著しく豊かな味わいです。私どもは、菓子屋が始めた菓子屋の視点をもった素材屋という原点は忘れずに活動していこうと考えております。

イル・プルー・シュル・ラ・セーヌ　代表　弓田亨

イル・プルー・シュル・ラ・セーヌ企画　輸入販売部
〒150-0021　東京都渋谷区恵比寿西1-16-8　彰和ビル2F
製菓材料のご注文・カタログのご請求・お問い合わせ　TEL.03-3476-5195　FAX.03-3476-3772　http://www.ilpleut.co.jp
インターネット通信販売「楽天市場」でも取り扱い中　http://www.rakuten.co.jp/ilpleut/

L'ÉPICERIE IL PLEUT SUR LA SEINE

エピスリー　イル・プルー・シュル・ラ・セーヌ

2009年より恵比寿から代官山に移転。
より便利になった、弓田亨の五感が選ぶ素材と器具の店。

心と身体がよろこぶ、本当のおいしさに出会える

これまで以上に、パティスリー、教室と連動し、弓田亨が考える「本当においしい素材」を手にとって確かめて購入出来る店として2009年秋に代官山教室内に移転。再スタートしました。これまで通りイル・プルーのお菓子作りに必要な、弓田亨が厳選して集めた秀逸な素材を実際に手に取り、確かめて購入出来る他、弓田亨が近年力を入れている日本の家庭料理「ごはんとおかずのルネサンス」関連の材料として、いりこや味噌なども取り揃えています。イル・プルーのお菓子作り、ルネサンスごはんを始めるお手伝いをいたします。

直輸入のリキュール（左）とハチミツ（右）。

弓田亨が選んだ素材の店　エピスリー　イル・プルー・シュル・ラ・セーヌ

〒150-0033　東京都渋谷区猿楽町17-16　代官山フォーラム2F
TEL.03-3476-5160　FAX.03-3476-5159
営業時間 11:30～19:30　定休日　火曜（祝日の場合は翌日振替）

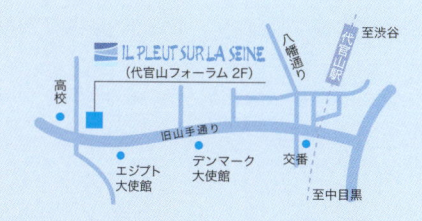

嘘と迷信のないフランス菓子教室
一人で学べる
ザック サクッ ザクッ！
押しよせるおいしさのパイ

著者　弓田亨／椎名眞知子

2006年10月13日　第1刷発行
2015年10月1日　第2刷発行

発行者　弓田亨
発行所　株式会社イル・プルー・シュル・ラ・セーヌ企画
〒150-0033
東京都渋谷区猿楽町17-16　代官山フォーラム2F
http://www.ilpleut.co.jp

印刷・製本　中央精版印刷株式会社

書籍に関するお問合せは出版部まで。
〒150-0021
東京都渋谷区恵比寿西1-16-8　彰和ビル2F
TEL：03-3476-5214 ／ FAX：03-3476-3772

本書の内容を無断で転載・複製することを禁じます。
落丁本・乱丁本はお取替えいたします。
Copyright ©2006 Il Pleut Sur La Seine Kikaku. Co., Ltd.
Printed in Japan

撮影　　松原敬子〔新規分〕
　　　　久保田光一〔流用分〕

デザイン・イラスト
　　　　小林直子 (umlaut)

調理アシスタント
　　　　渡部芽久美
　　　　丹後ひとみ
　　　　櫻井愛
　　　　津曲香里
　　　　荻野桃子
　　　　齋藤望

編集　　中村方映
　　　　工藤和子

ポワソン・ダブリル型紙

P54〜のポワソン・ダブリルを作る際に使用します。点線に沿って切り離してください。

Poisson d'avril